“大思政课”的实践探索：

大学生社会调查报告精选

主　　编　刘雅然　岳　奎
执行主编　沈昊驹
副主编　潘　博　周　浪

（第一辑）

華中科技大學出版社
http://press.hust.edu.cn
中国·武汉

图书在版编目(CIP)数据

"大思政课"的实践探索：大学生社会调查报告精选．第一辑/刘雅然，岳奎主编．—武汉：华中科技大学出版社，2024.5

ISBN 978-7-5772-0769-8

Ⅰ.①大…　Ⅱ.①刘…　②岳…　Ⅲ.①大学生-社会调查-调查报告-武汉　Ⅳ.①G642.45

中国国家版本馆 CIP 数据核字(2024)第 084927 号

"大思政课"的实践探索：大学生社会调查报告精选(第一辑)　　刘雅然　岳　奎　主编

"Dasizhengke" de Shijian Tansuo: Daxuesheng Shehui Diaocha Baogao Jingxuan (Diyiji)

策划编辑：周晓方　杨　玲

责任编辑：张帅奇　李　鹏

封面设计：原色设计

责任监印：周治超

出版发行：华中科技大学出版社(中国·武汉)　　电话：(027)81321913

武汉市东湖新技术开发区华工科技园　　邮编：430223

录　　排：华中科技大学惠友文印中心

印　　刷：武汉科源印刷设计有限公司

开　　本：710mm×1000mm　1/16

印　　张：11.75　插页：2

字　　数：223 千字

版　　次：2024 年 5 月第 1 版第 1 次印刷

定　　价：49.80 元

本书若有印装质量问题，请向出版社营销中心调换

全国免费服务热线：400-6679-118　竭诚为您服务

内容简介

※ ※ ※ ※

《“大思政课”的实践探索：大学生社会调查报告精选（第一辑）》立足华中科技大学社会实践，以“行走的思政课”为主题，收录了大学生社会实践团队以丰富的调研资料、科学的研究方法为支撑撰写的优秀社会调查报告。全书收录的各篇社会调查报告关注乡村振兴中的产业振兴、民生保障、基层治理、共同富裕等现实问题，并就相关问题提出了建设性意见，为大学生社会实践活动的深入开展提供了积极的示范效应。

总序

※ ※ ※ ※

习近平总书记在学校思想政治理论课教师座谈会上提出了思政课改革创新的"八个相统一"具体要求。其中,"坚持理论性与实践性相统一"着重强调了高校思政课的实践性向度,为高校思政课实践教学改革提供了新的探索路径。2022 年 7 月,教育部、中央宣传部、中央网信办等十部门印发的《全面推进"大思政课"建设的工作方案》也指出,思政课教学要"善用社会大课堂"。为了切实推动"大思政课"建设,让思政课"行走"起来,华中科技大学马克思主义学院进行教学改革,将"思政课社会实践"作为一门独立必修课程,建立专门的思政课社会实践教研室,进一步促进了思政课社会实践的制度化、体系化发展。

就立德树人的根本目标而言,"思政课社会实践"课程具有如下功能。

"思政课社会实践"是学校实现显性育人与隐性育人相统一的重要抓手。显性教育注重知识和技能的传授,对学生掌握基础知识和提高认知能力具有重要作用。而隐性教育则通过营造良好的教育环境,潜移默化地塑造学生的价值观和行为习惯。"思政课社会实践"既让学生在具体的社会调查、政务见习、志愿服务等活动中进一步强化课堂理论知识,也促进学生训练科学思维、培养实干能力、涵养精神品格,培育学生正确的世界观、人生观、价值观。

"思政课社会实践"也是教师实现教学方式创新与教学质量提升的重要路径。思政课实践教学有助于提升思政课的吸引力、说服力和实效性。习近平总书记指出:"思政课的本质是讲道理,要注重方式方法,把道理讲深、讲透、讲活。"社会实践中的鲜活案例和丰富故事,让课堂教学"活"了起来,学生课堂参与的积极性不断提高。与此同时,教师带队或指导学生社会实践有助于不断拉近和学生的距离,更加全面地了解新时期青年的所感、所想和所思,进而提高教学内容的针对性,有助于引导学生在对"身边事"的观察中理解"国家事",强化课堂理论学习和实践田野观察的有机融合。

"思政课社会实践"更是学生厚植家国情怀与增长知识才干的重要渠道。通过组织学生到基层一线参观考察、实地体验、深入调研,可以让学生亲身感受社会主义现代化建设的伟大成就和艰辛历程。在此过程中,学生得以深刻领会世情、国情、社情、民情、舆情,不断增强对新时代党的创新理论的政治认同、思想认同、理论认同、情感认同。学生在走出校门、走进社会、深入生活、关注现实的社会实践过程中,也将专业知识和现实问题紧密结合,进一步提高发现问题、分析问题和解决问题的本领。

呈现在读者面前的是我们从每年7000多份社会调查报告中精选而来的优秀报告。这些由“00后”大学生撰写的调查报告不仅反映出他们通过社会实践实现了知识认知的进步,还体现了他们价值认识的飞跃。报告的主题围绕“五位一体”总体布局展开,从经济、政治、文化、社会、生态文明五个方面呈现了当前我国经济社会发展取得的成就、存在的问题及面临的挑战。社会实践让学生更加深入了解中国国情,更加理解中国的各项政策,更加明确自己的历史使命,更加坚定对中国特色社会主义道路、理论、制度和文化的自信。

是为序。

目录

※ ※ ※ ※

第一部分

政治建设专题

乡村振兴向纵深发展的有效模式与推进路径

——基于对湖南、湖北、重庆三地乡镇的调查

曹明雅丽　郭进洁　甘浩霖　廖仕铖[①]

一、调查实践的背景、目的与意义

（一）实践背景、目的

习近平总书记曾指出，实施乡村振兴战略，是党的十九大作出的重大决策部署，是决胜全面建成小康社会、全面建设社会主义现代化国家的重大历史任务，是新时代做好“三农”工作的总抓手。农业强不强，农村美不美，农民富不富，决定着全面小康社会的成色和社会主义现代化的质量。要深刻认识实施乡村振兴战略的重要性和必要性，扎扎实实把乡村振兴战略实施好[②]。2021 年是实现脱贫攻坚和全面小康后的第一年，验收脱贫成果、回顾攻坚历程、总结工作经验、弘扬奋斗精神，都是当下社会关注的热点话题。

“实现中华民族伟大复兴的中国梦，广大青年生逢其时，也重任在肩。广大青年既是追梦者，也是圆梦人。”[③]作为新时代青年，我们应当顺应时代潮流，积极投身祖国社会发展的新征程当中，主动加强对社会热点问题的认识与理解，提高个人实践能力。而深入基层探访脱贫攻坚事迹、了解当地人的实际感受与精神风貌、为乡村振兴发挥青年力量，正是青年大学生的责任。因此，我们思政课社会实践小队决定在湖北省襄阳市谷城县和重庆市长寿区龙河镇开展以“一江同渡两山心・乡村振兴齐助力”为主题的实践活动。

受到疫情的影响，我们的社会实践无法按照预期在两地开展，只能由各个

---

① 曹明雅丽、郭进洁、甘浩霖均为华中科技大学汉语言文学专业 2019 级本科生，廖仕铖为华中科技大学汉语国际教育专业 2019 级本科生。

② 共产党员. 乡村振兴战略是篇大文章[EB/OL]. [2022-03-09]. https://mp.weixin.qq.com/s/8KW-bZMqFJnC8pW4SS2dRA.

③ 学校共青团. 习近平走过的那些校园[EB/OL]. [2022-08-12]. https://mp.weixin.qq.com/s/zggeTb7eFariVrCNQRhKVw.

成员在自己的家乡进行。幸运的是，经过几次前期讨论，我们发现成员所在地湖北省、湖南省与重庆市均依江发展、水系众多，且区域内多山地地形，自然条件类似，具有比较意义。基于此，我们选择了湖北省襄阳市谷城县、重庆市长寿区龙河镇，以及湖南省湘乡市中沙镇作为实践地点，并将主题改为“一江同渡三山心·乡村振兴齐助力”，希望通过对三地的调研和比较，助力乡村振兴。

（二）实践意义

第一，2021年是实现脱贫攻坚和全面小康后的第一年，验收脱贫成果、回顾攻坚历程、总结工作经验，有利于形成对阶段性成果的整体认识，也有助于为乡村振兴工作的进一步开展提供参考。

第二，深入基层，到地方探访脱贫攻坚事迹与足迹，了解当地人的实际感受与精神风貌，有利于我们加强对党的政策方针的认识和理解，提高我们的实践力和行动力。

第三，开展社会实践有助于我们更加直观地感受国家为人民脱贫付出的努力，对人民幸福生活来之不易有更深刻的理解，从而增强我们的时代责任感与使命感，做到“小我”与“大我”融合，实现大学生的人生价值。

二、调查实践的内容与方法

（一）实践内容

根据《中华人民共和国乡村振兴促进法》第二条：“全面实施乡村振兴战略，开展促进乡村产业振兴、人才振兴、文化振兴、生态振兴、组织振兴，推进城乡融合发展等活动”[①]，结合本小队成员的文科思维优势，我们选择以产业振兴、人才振兴、文化振兴为三个主要方向，对湖北、湖南、重庆三地进行调查研究与比较分析。

在湖北省襄阳市谷城县，我们采访了谷城县委统战部负责人，了解了脱贫中地方乡贤力量发挥作用的机制与成果，并考察了谷城产业振兴情况，亲身参与了“希望家园”志愿活动。在湖南省湘乡市中沙镇和谐村，我们了解了当地楠竹加工产业发展情况，并采访了和谐村驻村工作队长、“全国脱贫攻坚先进个人”赵建成书记。在重庆市长寿区龙河镇保合村，我们考察了当地柑橘种植产业及“慢城”乡村旅游的发展情况，并采访了龙河镇副镇长李英女士。

---

① 国家乡村振兴局．中华人民共和国乡村振兴促进法[EB/OL]．[2023-04-29]．https://mp.weixin.qq.com/s/PMmVqk5qo5Pkb1oUIjeU_w.

(二) 实践方法

1. 文献调查法

通过互联网查找、政府资料翻阅等方式了解当地基本状况及乡村振兴发展情况。

2. 访问调查法

湖北省:采访谷城县委统战部负责人宋佳欣。
湖南省:采访和谐村驻村工作队长赵建成书记。
重庆市:采访龙河镇李英镇长。

3. 实地观察法

湖北省:参与谷城县政府岗位实习,并走访谷城县城关镇街道居民、参与“创卫防诈”与“希望家园”志愿义工服务。
湖南省:参观和谐村活动中心、便民服务中心、伞骨加工基地等。
重庆市:前往慢城秀才湾实地考察,对村民及景点工作人员进行采访。

三、调查实践的结果与分析

(一) 产业振兴

产业振兴是未来乡镇规避返贫风险,实现经济发展的根本出路。通过对湖北省襄阳市谷城县、湖南省湘乡市中沙镇、重庆市长寿区龙河镇的扶贫举措的归纳比较,我们不难看出三地的产业扶贫振兴模式既各有特点,又存在一定的相通之处,值得我们联系总结,进行更深入的思考。

1. 因地制宜,寻找最适合自己的发展方式

湖北省襄阳市谷城县汉家刘氏茶的历史文化传说最早可以追溯到汉高祖刘邦的年代,北宋时的大书画家米芾曾亲题以“汉家刘氏茶坊”匾额。汉家刘氏茶是最负盛名的中华老字号“茶”品牌,也是众多伟人、名人及大众喜爱的品牌。刘氏茶在谷城当地有福禄寿禧四大茶山,具有丰厚的文化底蕴和历史积淀。谷城人民充分发挥刘氏茶品牌的优质效应,通过与刘氏茶企合作提高了本地茶叶的知名度,扩大了茶叶的销量,获得了很好的效益,得到了市场的一系列好评。

而在湖南省湘乡市中沙镇,这里风景秀美,盛产楠竹,以楠竹为原料,以手

工工艺为生产方式的伞骨加工业一直存在，且具有一定知名度，但是技术含量低，资金不足，规模小。经过当地扶贫干部细致的调研以及勇敢的尝试，地方政府选择以伞骨加工作为扶贫的重点项目。在政府引导下，企业积极生产，通过半年的努力就做出了产品，并得到了市场的认可。而后企业进一步添置了机器，组织了培训班，鼓励更多贫困户加入，实现了伞骨产业机械化、产业链条延长深化、劳动力科学文化素质提高以及更大规模企业资金投入等成果。

重庆市长寿区龙河镇位于西南地区，盛产“长寿橙”，具有相对深厚的产业基础。龙河镇围绕柑橘产业不断求实创新，在提升“三品”的基础上，向水果精选深加工、农文旅融合发展的方向“接二连三”，实现了经济效益的大幅提高。同时依托于重庆地区以西南大学为代表的高校与重庆市农科院的科技资源，当地不断培育良品水果、提高产量，使种植效益越来越好。

2. 扶贫扶智，注重对劳动力的精神技术层面的培养

三地都通过对劳动力进行培训来提升个人素质，进而实现个人生产能力的进步。谷城县充分利用本地乡贤资源开展乡村劳动力技能培训，并引入企业资源以保障培训成效，促使劳动力与相关产业生产活动相适应。湘乡市开展了新型农民培训班、推广普及普通话会议、养殖产业培训班、厨师培训班等，致力于提高农民素质。在这一背景下，无论老人、妇女还是腿脚不便的人都能在一定程度上参与生产劳动，实现了个人、家庭层面的增收与再就业。龙河镇的培训则更多围绕着柑橘种植业，通过建设地方培训基地、聘请相关行业专家等方式，教会农民科学经营，从而推动经济发展。

3. 传统产业链的延长深加工与生产机械化

传统产业的升级离不开机械化与规模化。襄阳市谷城县的汉家刘氏茶也在传统制茶工艺上不断改进创新，在保留了手工制茶工艺的基础上实现了制茶工艺的机械化与规模化，特别是汉家刘氏茶贡毫光波自动化生产线的新建，改变了汉家刘氏茶的生产制作方式，这条生产线属全国独创，在世界范围内也具有领先水平。湘乡市中沙镇与企业合作，通过荆峰莉竹木加工有限公司引进荆峰莉竹木加工厂，利用公司的技术优势和设备优势，把传统的手工制作伞骨转变为机械制作，降低了生产难度。在经过培训以后，无论是老人、小孩还是腿脚不方便的人，都可以轻松完成生产，实现家门口就业。重庆市长寿区龙河镇依托于农业园区的景观进行开发，在一片橘海中还设置了观景台，让农业园区也成为景区；当地发展生态农业、智慧农业，加上充分利用了自媒体时代网络平台的优势，使得长寿柑橘无论是质量、销量还是名气都在不断提高。

4. 多元优化产业结构，增强整体抗风险性

尽管三地都有着属于自己的独特优势产业，但是不约而同地选择了优化产业结构、实现产业多元化发展的道路。谷城县引进高新技术产业，为经济发展注入新动力。国家“城市矿产”示范基地是谷城县一张靓丽的名片，基地以新金洋资源、骆驼金洋、骆驼华中、美亚达、东华科技为骨干，实现了再生铝、再生铅、再生铁、再生塑料回收利用，开创了全县再生资源新产业。产业链条的延伸、加粗，引导全县循环经济、汽车产业提档升级，当地借助链条的驱动培育出 80 多家汽车配件生产企业、50 多家规模以上企业，提升了全县汽车及汽车零部件产业的整体竞争力，助推产业实现了高端化、链条化。[①]

和谐村则更多立足于农业农村农民本身，鼓励农民积极发展因地制宜的多元化个体产业。该村先后邀请农业、农机、畜牧等部门专家来村为贫困户、种养殖户现场授课，采取集中培训和现场指导相结合的方式，教村民怎样种植水稻、油菜能增产增收，山羊、生猪如何饲养长得快且不生病等；同时，开展“送仔猪仔牛鸡苗树苗”活动，将 23 头仔猪、3 头仔牛、630 只鸡苗、4000 株优质油茶苗免费发放给 47 户贫困户，通过“输血式”帮扶，为贫困户开启“致富门”。

龙河镇则充分发挥本地柑橘产业的优势，围绕柑橘产业发展农林景观旅游、地方乡土文化旅游等产业。当地政府深挖乡村旅游潜力，引导村民支持配合长寿慢城建设，回村发展乡村民宿、小吃店等，带动了一批服务业的发展。长寿慢城以当地的文化典故为背景，打造了独特的乡村文化。经由政府搭桥牵线，西南大学美术学院与保合村结成“对子”，结合保合村自身文化资源设计了一些 IP 形象和文创产品，物美价廉，销量不错，在游客群体中获得了不少好评。

时至今日，三地的脱贫攻坚早已硕果累累，如何保护脱贫成果、避免返贫，实现区域可持续发展是当前摆在地方干部与人民面前的首要问题。通过产业发展、转型、升级、优化来实现经济发展，提高人民物质生活水平，是这些年来多地脱贫攻坚工作的成功经验，我们期待产业发展能进一步改善人民生活，使得人民群众共享改革发展成果。

（二）人才振兴

1. 调查结果

1）湖北省

谷城县政府充分利用本地乡贤资源助力乡镇经济发展。于 2020 年 6 月成

---

① 襄阳市人民政府. 高质量建设山区工业强县——谷城县“十三五”期间工业经济发展回顾[EB/OL]. [2022-01-08]. http://www.xf.gov.cn/zxzx/jrgz/202101/t20210108_2365888.shtml.

立的“群乡荟”，是谷城县委统战部打造的基层统战实践创新基地。“群乡荟”共筛选各领域各行业能人 53 人，建立乡贤数据库。当地重点筛选在产业发展、科技创新、乡村治理、文化传承等方面有造诣、能示范、影响大的乡贤人士，推选出产业发展带动力强、在群众中有声望、对堰河经济社会发展做出突出贡献的 15 名优秀能人为“七贤八俊”，又推选文化旅游产业、茶产业及农业合作社中种养殖产业带头人等 24 人为“二十四能人”，建立乡贤精英库。将“七贤八俊”的个人信息、产业发展、示范带动简介公示上墙，提升乡贤人士的社会荣誉感，激发乡贤人士回归家乡、反哺家乡、建设家乡的热情。同时，当地也组织开展技能培训，提高成员应用知识水平，截至目前，已累计开展教育培训 16 场次，培训 1500 余人次。当地还打造“乡村夜话”经典品牌，坚持每月组织召开一次“群乡荟”全体会员大会，就本村重大公共事务和专业性、技术性、复杂疑难性公共事项广泛听取乡贤的意见和建议，共商共谋发展。此外，谷城县五山镇在政府部门的联系与牵头之下建立了商会，实现了谷城乡镇商会零的突破，为乡镇民营企业发展增添了新动能。

2）湖南省

湖南省湘乡市中沙镇和谐村的相关措施主要为加强职业教育和继续教育，组织开展农业技能培训、返乡创业就业培训和职业技能培训，培养有文化、懂技术、善经营、会管理的高素质农民、农村实用人才和创新创业带头人。当地陆续开展了新型农民(生产经营型)培训班推广、普及普通话会议、养殖产业培训班、厨师培训班等，致力于提高农民素质，培养行业领头人。

3）重庆市

在管理层面上，龙河镇政府加强了对保合村的人才投入，要求试点村工作人员达到 10 人以上。首先选派第一机关干部担任第一书记，之后再抽调 3 名班子成员及 15 位机关干部下沉试点村开展工作，吸引 4 名本村大学生回村担任本土人才，向 3 个试点村各选派 1 名三支一扶或西部计划志愿者。同时，实施乡村振兴“雁归计划”，面向全市选聘优秀大学生到龙河镇试点村工作，选录大学生村官。

此外，龙河镇建立了数字化外乡人士数据库，吸引人才回乡。通过《致龙河籍在外务工人员一封信》和龙河在外务工人员聚集地所在商会协助，以乡情动人、事业聚人的方式，积极开展“飞雁归巢”行动，鼓励有技术、有资金、有抱负的人才回乡创业。

除了引入外地人才，龙河镇还利用市区各级部门支持，建设长寿现代农业园区人才教育培训基地，依托区农广校等区级培训机构，聘请科研院校高级专家，对技术人员、管理人员、股东法人、村组集体经济带头人等开展培训，培养了一批爱农业、懂技术、会经营的新型职业农民。

2. 对比分析

1）措施上多管齐下

谷城县、和谐村两地注重对本地资源的利用，强调从本土培养或选拔人才，再由人才对其他村民进行帮扶。

保合村除了注重培养本地人才以外，还注重引入人才，如选聘大学生村官的“雁归计划”。这有利于注入新鲜血液，提高政府管理能力。当地还基于本乡资源动员在外务工人员回乡创业，壮大了乡村人才队伍。

2）内容上因地制宜

和谐村曾为省级贫困村。针对该村所处位置偏远、贫困户多的情况，当地政府因地制宜，以开办培训班的方式提高村民素质，切实强化了当地村民的生活技能。

而龙河镇虽也有针对农民的培训班，但内容大不相同。针对当地以种植业为主、需要提高农产品质量和产量的情况，政府相关部门建设了专门的教育培训基地，聘请科研院所高级专家，专在农业上下功夫，帮助当地农民改良种植技术，提升经营能力。

（三）文化振兴

通过对湖北省襄阳市谷城县、湖南省湘乡市中沙镇、重庆市长寿区龙河镇的扶贫举措的归纳比较，我们发现三地不约而同地发挥文化对经济的反作用，以深厚的历史文化底蕴和积极向上的精神文明促进当地的文化振兴事业。

1. 以文化带动产业发展，促进经济增长

这种辐射体现为两种路径，一种是通过挖掘当地的历史文化资源，在发展壮大旅游业的同时，带动民宿、餐饮、特产等第三产业的发展。如重庆市长寿区龙河镇，通过深挖本土文化典故，以秀才湾“八人赶考十人中秀才”为原型启动“耕读传家”文旅项目吸引游客，并结合保合村自身文化资源设计了一些IP形象和文创产品，促进了就业，增加了居民收入。湖北省襄阳市谷城县则走出了另一极具典型性的路径，即以文化知名度加持茶业的品牌知名度，从而发展壮大产业。湖北省襄阳市谷城县的汉家刘氏茶深挖历史文化资源，在陆羽《茶经·八之出》、明清地方志等文献中找到相关历史渊源，溯源得出茶业开山鼻祖为汉高祖四十四世孙的结论，以文化声誉带动品牌宣传。

2. 以精神文明建设提高脱贫积极性，防止返贫

三地均注重精神文明建设，通过“扶志”以及丰富精神生活等措施提高群众

脱贫积极性，以防止返贫。重庆市长寿区龙河镇针对本地居民开展了一系列精神文明振兴工作，如复建舞狮队、太极队等具有龙河特色的文化队伍，开展“龙情蜜意”蜂蜜节，建成“橘乡蜜苑”蜂文化展示区，引导村民自行制定村规民约，规范设立村民议事会、红白喜事会等自治组织，使得农村社会风气为之一新。湖北省襄阳市谷城县更是充分利用乡贤资源，围绕党的政策、统战知识、同心人物、乡村故事等，为“群乡荟”成员了解形势、理解政策提供条件，推动广大乡贤人士统一思想，凝聚共识，巩固了基层统一战线。

3. 警惕形式化的“文化红利”，合理规划文化发展

虽然三地在脱贫攻坚战中都吃到了“文化红利”，但在相关工作中也出现了一些问题。如重庆市长寿区龙河镇的慢城旅游项目，无论是其村史馆对农业用具的陈列方式，相关文创产品的特点，还是村里各种时尚的咖啡厅，都表明相关工作者对乡村文化的理解还流于片面，现有措施多是为了最大程度迎合城市游客的想象。所以从效果来看，这些措施既难以达到城市居民的要求，为游客展示新鲜、真实的乡村风貌，又难以为乡村居民创造符合其生活习惯的新环境。在新一阶段的乡村振兴战略工作中，这是值得注意、亟待解决的问题。

四、结论与建议

第六次全国人口普查结果显示，我国居住在城镇的人口占总人口的49.68％，居住在乡村的人口占总人口的50.32％，农村一直以来就是中国社会的重要组成部分。但由于我国还处在社会主义初级阶段的基本国情，城市与农村的发展水平差距过大，在大部分地区，至今发展得最差的依旧是农村。党的十九大提出乡村振兴战略，其目的正是希望发挥乡村这一重要主体的活力，让农业成为经济社会发展的压舱石，让农民成为有吸引力的现代化职业，让农村成为满足人们美好生活需要的幸福家园。

同时，以乡村振兴战略为中轴，关注“三农”问题、关注乡村，正体现了党和国家在中华大地上践行着以人民为中心的发展模式。2021年时逢脱贫攻坚之尾声，立于乡村振兴之起点，民之所望，改革所向，我们作为大学生，到基层一线开展实践，关注脱贫攻坚战的丰硕成果，观照新时期广大群众的精神生活，了解当地人民的实际感受与精神风貌，正是践行新时代青年人的责任、担当与使命。

通过这次研究，我们发现，三地能够成功实现脱贫攻坚、不断促进乡村振兴，其发展路径和成功经验有着较多相似之处。在产业振兴上，由于三地均属于亚热带季风气候，处于长江中下游平原，多山地丘陵，有着丰富的植物资源，三地因地制宜，分别发展茶业、楠竹业及柑橘业，并进一步发展深加工、延长产

业链，提高机械化水平与创新能力，打造知名品牌，有力地促进了当地就业与居民增收，为当地脱贫振兴提供了稳固保障。在人才振兴上，三地均注重对劳动者进行教育培训，致力于打造高素质的现代化产业劳动力队伍，并通过从本土培养选拔人才，从外引入人才，为本地发展注入新鲜血液。在文化振兴上，三地均发挥了文化对经济的积极推动作用，以深厚的历史文化底蕴带动产业发展，以精神文明建设增强群众的脱贫信心、提高群众的积极性，从“扶志”出发，在根源上预防返贫。三地以产业振兴为核心，以人才振兴和文化振兴为两翼，为脱贫攻坚、乡村振兴提供了良好典范。

尽管三地在脱贫攻坚阶段均取得丰硕成果，在农业振兴、农民增收上做出了令人欣慰的成绩，但是也存在一些问题，如：单一的产业链难以应对疫情等突发状况，易导致返贫；乡村劳动力流失依旧严重，乡村振兴活力不足；滥用“文化红利”，对乡风民俗的挖掘流于表面，等等。

基于此，我们认为：三地均需要继续促进产业发展多元化，提高抵御风险的能力；加强农产品品牌化，优化产业结构，拓展农业产业价值链；加大政府对乡村人才的培养、扶持和补贴力度，通过发展产业吸引劳动力回流；加强乡风文明建设，挖掘本土文化资源，保持文化独特性。乡村振兴应当按照产业兴旺、生态宜居、乡风文明、治理有效、生活富裕的总要求，统筹推进各项工作，不断追求农业全面升级、农村全面进步、农民全面发展，加快农业农村现代化，做到与国家治理体系与治理能力现代化的同频共振。

农村地区电信诈骗情况与防诈骗意识建设

——基于潜江市高新区的调查

王　丹　许耀航　高铭君　赵炫丹　池武强[①]

一、调查实践的背景、目的及意义

（一）调查实践的背景

电信诈骗是指通过电话、网络和短信等方式，编造虚假信息，设置骗局，对受害人实施远程、非接触式诈骗，诱使受害人打款或转账的犯罪行为。不法分子通常以冒充他人及仿冒、伪造各种合法身份的方式达到诈骗的目的，如冒充公检法、公司客服、国家机关工作人员、银行工作人员等，在骗取受害人的信任后进一步骗取其钱财。近年来，我国科学技术的进步与综合实力的增强促进了通信技术和互联网行业的高速发展。一方面，这为人们的生活带来了很多的方便，也提高了人们的生活质量，但另一方面，这样的大环境也为新型犯罪提供了滋生土壤。在信息化时代背景下，不法分子利用金融、通信和互联网行业的发展酝酿出一种新型的诈骗手段——电信诈骗。电信诈骗作为一种依托高新技术的新型诈骗犯罪模式，正严重影响着人民财产安全及社会和谐稳定，并且在近年呈现高发态势。

（二）调查研究的目的和意义

防范电信诈骗，不仅需要公安部门与政府等方面的努力，同时也需要细致、准确的调查分析和经验总结来为相关工作的进行提供支持。因此，我们就“电信诈骗”这一社会热点话题进行了一次深入、详细的社会调查，将我们的社会调

---

① 王丹为华中科技大学外国语学院日语专业 2019 级本科生，许耀航为华中科技大学自动化专业 2019 级本科生，高铭君为华中科技大学自动化卓越班 2020 级本科生，赵炫丹为华中科技大学自动化专业 2020 级本科生，池武强为华中科技大学电子信息类(本硕博)2020 级本科生。

查结果形成统计图表、文字等记录，结合问卷调查、深入采访、政策查询、统计数据分析等方式，对潜江市高新区居民的防骗意识进行了多角度、深层次的分析。同时我们也对当地“防电信诈骗”的工作开展情况进行了正面和侧面的调查分析，将当地相关政策同多方对比，进行经验总结并提出了一些建议，希望能对当地乃至更大范围的“防电信诈骗”相关工作的开展带来帮助。

为确保调查的精确性以及调查的可实施性，我们将调查范围缩小至潜江市高新区，采用问卷、采访、统计数据分析、相关政策手段查询等方式进行社会调查。就问卷调查而言，我们采用一对一、面对面的问卷采集方式，在一定程度上确保了问卷填写内容的准确性、问卷采集对象的精确性，为我们之后的分析工作提供了较为可靠的数据记录。在采访方面，我们的队员前往当地公安局和潜江市周潭村村委两个地点，采访了负责有关“防电信诈骗”工作的基层干部和公安局人员，通过面对面、点对点的采访，我们了解了当地“防电信诈骗”工作的开展方式、进展情况、效果反馈等多个方面的情况，同时也掌握了当地“电信诈骗”案例的部分数据，为我们后期配合问卷调查结果分析当地“电信诈骗”发生实况以及“防电信诈骗”相关工作的开展实况打下了基础。希望我们的调查结果与我们提出的相关建议能够帮助当地部门落实治理责任、创新防电信诈骗治理理念，同时也希望我们能够帮助相关部门找到加大组织力度、促进协作更紧密的行动方式。

二、调查实践的内容与方法

(一) 调查内容

在问卷调查方面，本次调查的样本结构如表1～表4所示。

表1　样本性别构成情况

性别	占比
男	45.1%
女	54.9%

由表1可见，在性别构成方面，男性调查对象占45.1%，女性调查对象占54.9%。

表 2 样本年龄构成情况

年龄	占比
18 岁及以下	11.7%
18～25 岁	10.7%
26～35 岁	26.7%
36～45 岁	15.0%
46～65 岁	27.7%
65 岁以上	8.2%

表 3 样本学历构成情况

学历	占比
小学及以下	20.9%
初中	26.3%
高中	22.3%
技校或专科	15.5%
大学本科	13.1%
硕士及以上	1.9%

表 4 样本工作构成情况

工作	占比
国家机关	1.5%
事业单位	9.2%
企业	10.2%
个体户或私营业主	20.9%
务农	6.8%
大学在读	6.3%
高中及以下在校生	9.2%
退休	12.1%
其他	23.8%

由表 2 可见，在年龄分布方面，调查对象的年龄分布较为平均，囊括了当地社区各个年龄段的人群。

在学历方面，由表 3 可以直观地看出调查对象大多学历较低。

由表 4 可以直观地看出调查对象的工作构成。

(二) 资料搜集与分析方法

此次研究采用问卷调查的方法收集数据，由接受过培训的调查员对调查对象进行结构式访谈，完成问卷资料的收集。本次研究共面向当地社区的 226 名各年龄段人群进行了问卷调查，回收有效问卷 206 份，问卷回收率较高，达到 91%。此外，本次研究还对公安局相关负责人员及村委会基层干部进行了半结构式访谈，获取了当地有关电信诈骗的信息。最后，由受过专业培训的软件使用者使用 SPSS 软件对调查数据进行分析。

三、调查实践的结果与分析

(一) 公安局数据分析

1. 2020 年 3—12 月的数据

2020 年 3—12 月泽口辖区共发生电信诈骗 17 起，涉案金额共计 703993 元(相关情况见图 1)。其中投资理财类诈骗案 4 起，发案月份在 3、7、8、12 月，被诈骗受害人为 3 名男性、1 名女性；贷款办卡类诈骗案 4 起，发案月份在 3、5、6、9 月，被诈骗受害人为 3 名男性、1 名女性；网络购物类诈骗案 3 起，发案月份在 4、12 月，被诈骗受害人为 1 名男性、2 名女性；其他非接触类诈骗案 3 起，发案月份在 4、5 月，被诈骗受害人为 1 名男性、2 名女性；交友办证中介类诈骗案 1 起，发案月份在 12 月，被诈骗受害人为 1 名男性；招嫖色诱类诈骗案 1 起，发案月份在 12 月，被诈骗受害人为 1 名男性；兼职刷信誉诈骗案 1 起，发案月份在 4 月，被诈骗受害人为 1 名男性。2020 年 3—12 月被诈骗受害人 17 人中，有男性 11 人、女性 6 人，年龄阶段分布在 30～50 岁，发案区域为区南居民生活区华润府。2020 年 8 月仅发生 1 起投资理财类诈骗案件，涉案金额却超过了 12 月 5 起诈骗案涉案金额之和，达到 2020 年最高。

2. 2021 年 1—7 月的数据

2021 年 1—7 月泽口辖区共发电信诈骗 13 起，涉案金额共计 539899 元(详情见图 2)。其中投资理财类诈骗案 2 起，发案月份在 1、4 月，被诈骗受害人为 2 名女性；虚假贷款类诈骗案 1 起，发案月份在 7 月，被诈骗受害人为 1 名男性；虚假投资理财类诈骗案 1 起，发案月份在 7 月，被诈骗受害人为 1 名女性；网络购物类诈骗案 3 起，发案月份在 4、5 月，被诈骗受害人为 2 名男性、1 名女性；杀猪盘诈骗案 1 起，发案月份在 5 月，被诈骗受害人为 1 名男性；冒充执法人员类

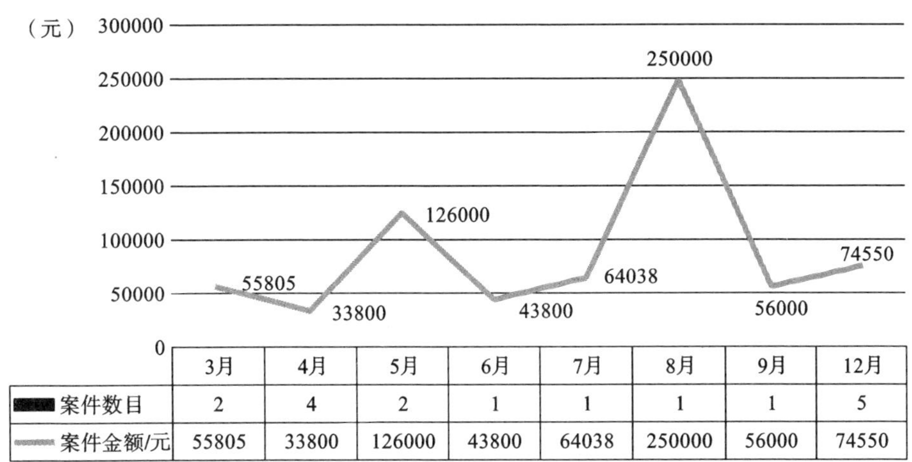

	3月	4月	5月	6月	7月	8月	9月	12月
案件数目	2	4	2	1	1	1	1	5
案件金额/元	55805	33800	126000	43800	64038	250000	56000	74550

图 1 2020 年 3—12 月泽口辖区电信诈骗涉案金额趋势图

诈骗案 1 起，发案月份在 4 月，被诈骗受害人为 1 名女性；中奖诈骗类诈骗案 1 起，发案月份在 4 月，被诈骗受害人为 1 名男性；兼职刷信誉诈骗案 3 起，发案月份在 1、3、4 月，被诈骗受害人为 1 名男性、2 名女性。2021 年 1—7 月被诈骗受害人 13 人中，有男性 6 人，女性 7 人，年龄区间在 30～45 岁，发案区域为区南信心村、汉南新区、阳光北苑、民安花苑、区北前明村、周谭村。

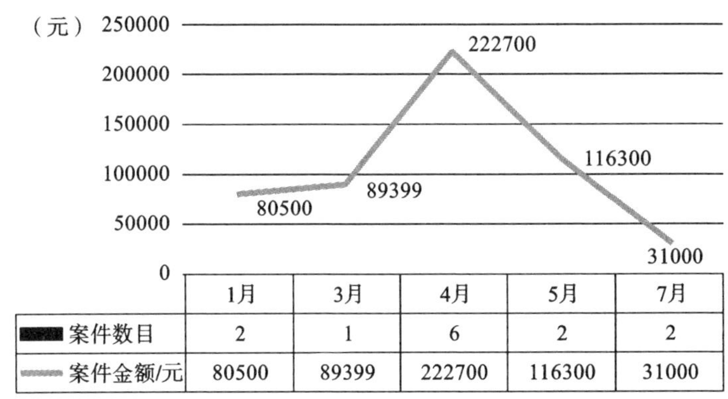

	1月	3月	4月	5月	7月
案件数目	2	1	6	2	2
案件金额/元	80500	89399	222700	116300	31000

图 2 2021 年 1—7 月泽口辖区电信诈骗涉案金额趋势图

2021 年上半年诈骗类刑事案件的涉案金额于 2021 年 4 月达到峰值，为 222700 元，且当月诈骗案件的数量达到了 2021 年最高的 6 起之多。之后情势明显好转，电信诈骗涉案金额显著下滑，5 月为 116300 元；再往后电信诈骗犯罪活动进一步得到遏制，至 7 月，电信诈骗涉案金额仅为 31000 元。

3. 案件数量及涉案金额发展趋势

从 2020 年 3 月到 2021 年 7 月共发生 30 起诈骗案件，且分布较为平均，除 2021 年 4 月发生 6 起诈骗案，2020 年 12 月发生 5 起诈骗案，2020 年 4 月发生 4 起诈骗案之外，其他月份发生诈骗案均不超过 2 起。在发展趋势方面，2021 年上半年诈骗案案发数量相比 2020 年同期普遍上升，形势严峻。

(二) 调查数据分析

1. 被电信诈骗或身边人被电信诈骗经历

在我们所抽取的样本中，受访者有被电信诈骗的经历或身边人经历过电信诈骗的约占 32%，其中经常有相关经历的占 5%，比例较大(见图 3)。

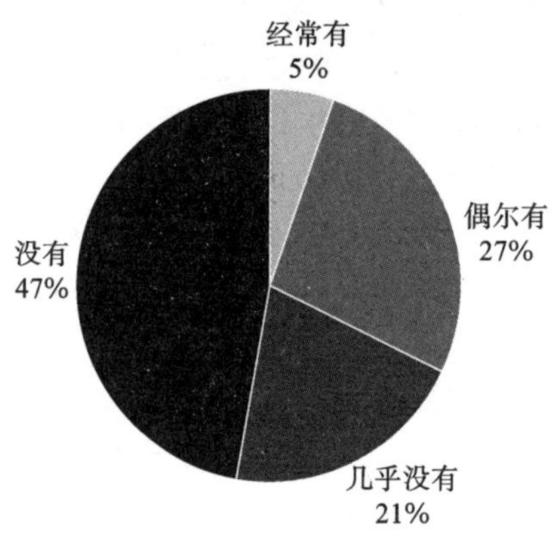

图 3 受访者被电信诈骗经历情况

2. 对电信诈骗途径的了解

对受访者防骗意识的调查显示，大部分人的防骗意识很高，对电信诈骗的途径和一些基本的诈骗套路有一定的了解，尤其是对于冒充公检法诈骗、网络贷款诈骗、网恋诈骗、兼职刷单诈骗、冒充购物客服诈骗和冒充熟人诈骗等套路有很高的防范意识(见图 4)。

3. 防诈知识学习经历

超过一半的受访者都只在平时偶尔听说过防电信诈骗知识，仅有 16%的受访者会去特意了解学习相关知识，甚至有 28%的受访者对此基本不了解或者完全不了解(见图 5)。

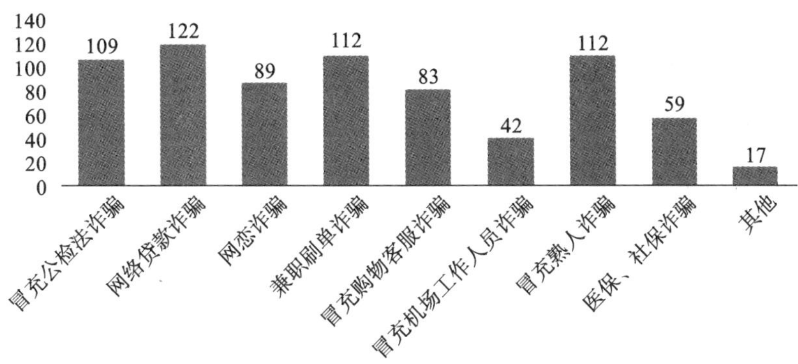

图 4　受访者对电信诈骗套路的了解情况

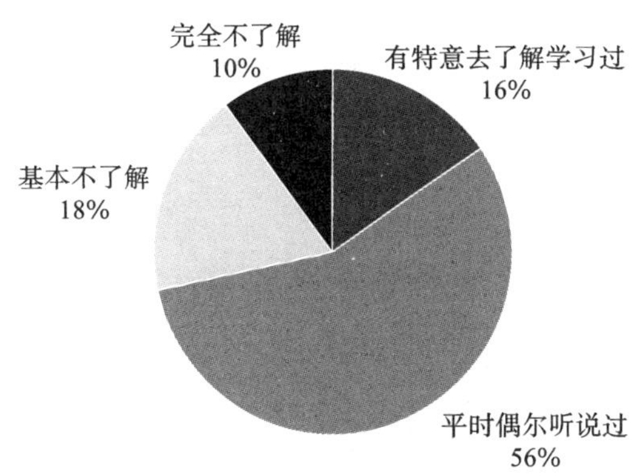

图 5　受访者电信诈骗知识获取情况

4. 各类防电信诈骗宣传途径

现如今，人们获取防电信诈骗知识的途径越来越多，官方对谨防电信诈骗的宣传力度也越来越大。从图 6 中可以看出，通过日常生活中的一些口号标语了解防电信诈骗知识的人最多，通过浏览时事民生新闻了解防电信诈骗知识的人所占比例紧随其后。由此可见，相比于枯燥的防电信诈骗宣传，相关部门可以尝试一些更加生动、更加便捷有效的方法。

5. 电信诈骗趋势

46%的受访者认为电信诈骗在未来将越来越多，17%的受访者认为未来电信诈骗案发频率基本不变，另外 34%的受访者则认为电信诈骗在未来会越来越少，由此可以看出人们对于当下电信诈骗现状的一个简单认知(见图 7)。

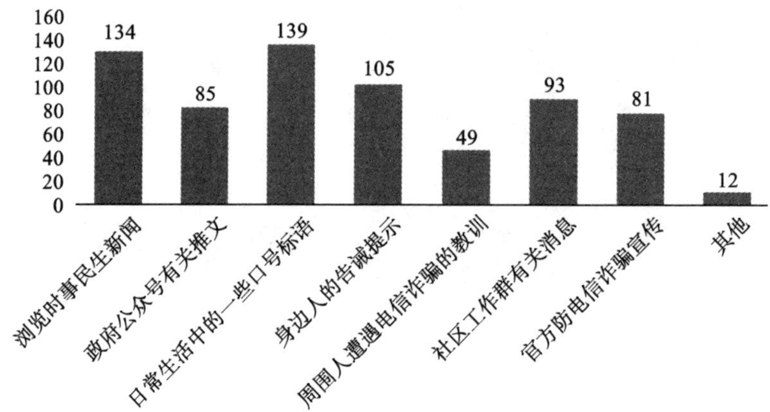

图 6 受访者了解电信诈骗的途径情况

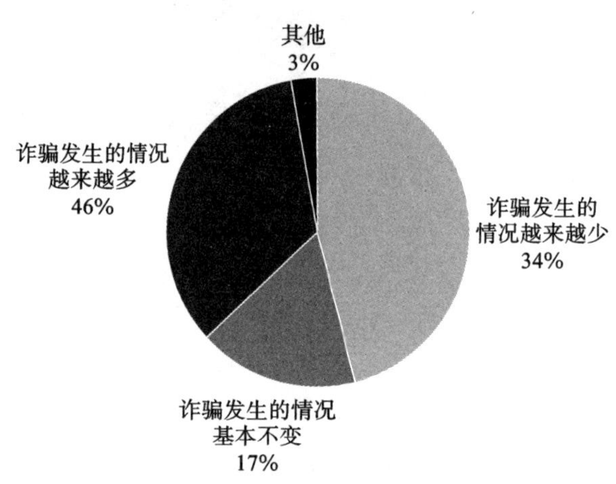

图 7 样本认为的电信诈骗发生趋势变化情况

6. 年龄

根据我们对受访者防诈骗意识的小测试，18～25 岁的受访者防诈骗意识最强，而 65 岁以上的老年人防诈骗意识相对其他年龄段的受访者而言较差，很容易成为犯罪分子的目标(见图 8)。

7. 性别

由表 5 可见，93 名男性受访者得分平均值为 14.341，113 名女性受访者平均得分为 14.043。可以看出男性得分平均值要略高于女性，这可能与男性经常

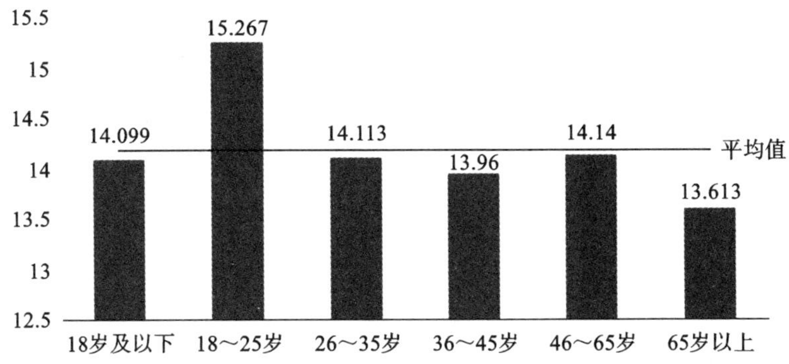

图 8 不同年龄段受访者的测试得分情况(满分 18 分)

在外,接触到的防电信诈骗宣传较多有关,而我们所调查的女性受访者中,有很多是全职妈妈等一些经常在家的人群,活动范围较小,接触的人也较少,她们了解的防电信诈骗的知识可能较少。

表 5 不同性别样本的测试得分情况(满分 18 分)

性别	人数	得分
男	93	14.341
女	113	14.043

但在公安局提供的案例中,男性受害者要多于女性受害者,这说明对于一些人来说,光有基本的防电信诈骗意识还很难抵御电信诈骗。

8. 学历

由图 9 可见,大学本科及以上的受访者得分平均值较高,可见高学历人群的防诈骗意识普遍较强,且通常情况下,学历越高,防诈骗意识越强。

9. 工作属性

由图 10 可见,在不同工作属性的受访者中,在校大学生和事业单位工作人员的防电信诈骗意识得分明显高于平均水平,而已退休的老年人和高中及以下在校生的得分较低,也就是说,这两个工作属性的人防电信诈骗意识并不是很强,很容易成为电信诈骗的潜在受害者。

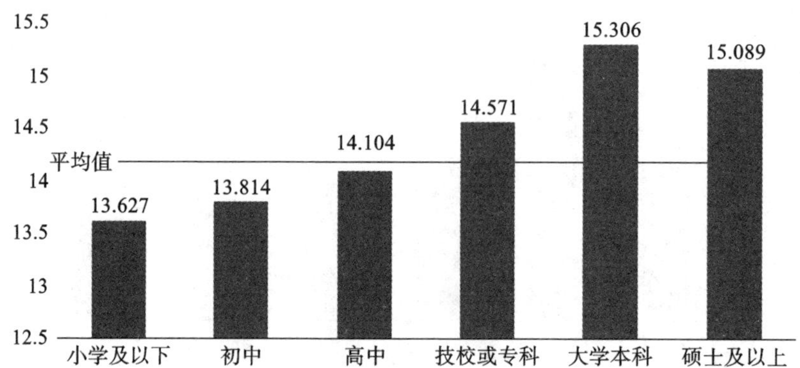

图 9　不同学历受访者的测试得分情况(满分 18 分)

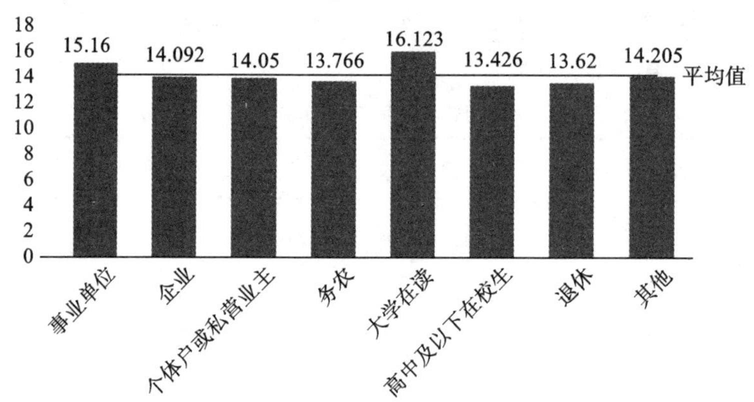

图 10　不同工作属性受访者的测试得分情况(满分 18 分)

四、结论与建议

(一) 结论:潜江市高新区电信诈骗防控较好的主要因素

1. 经济因素

潜江市高新技术产业园区(以下简称“潜江市高新区”)的前身为潜江经济开发区,是 1996 年湖北省政府批准设立的省级经济开发区。根据潜江市 2018 年政府工作报告,潜江市高新区是国家园区循环化改造示范试点、全省 52 个产业集群之一、湖北省新型工业化产业示范基地、湖北省知名品牌创建示范区。2017 年区镇经济保持高速发展态势,全年完成招商引资到位资金 27.6 亿元,同比增长25%;完成工业总产值304.7亿元,同比增长19.3%;完成工业增加值88.8亿元,同比增长39%;工商入库税收4.25亿元,同比增长28.2%,成为全市工业经济的骨干支撑、产业转型的示范典型之一。

总的来说,当地的经济发展迅速,有关部门积极探索传统工业转型道路,努力改变旧疾激发新能;发展绿色农业,走可持续发展道路。高新区的经济产业处在上升期,提供了大量的就业岗位,当地居民的就业有了保障,带来了社会的稳定和谐,而社会的稳定和谐又进一步地降低了犯罪率。落实到具体层面的表现就是潜江市高新区的电信诈骗案件发案数量较少。当地的数据显示,2020年3—12月泽口辖区共发电信诈骗案件17起,2021年1—7月泽口辖区共发电信诈骗案件13起。

2. 警务工作因素

我们走访了潜江市高新区泽口水陆派出所,就当地警方对防范电信诈骗的宣传工作和打击电信诈骗犯罪的工作详细地采访了派出所的警务人员。当地警方对防范电信诈骗的宣传手段突出一个“大水漫灌”全方位的宗旨,具体可分为“地面”防诈和“空中”防诈。“地面”防诈指的是线下的一些防诈宣传措施,如发传单,贴标语,进行扫楼活动,入村组、村居、企业开展宣传活动;“空中”防诈主要分为两块,一块是通过建立群聊,如中心户群、村委群、党建机关群等发布一些防诈相关事项,另一块是利用国家反诈中心等相关防诈App或抖音等自媒体平台对防诈知识进行普及。

3. 民众因素

湖北省作为内陆省份,与境外的交流相对不多,但存在有人员到沿海、边境地区打工的现象。紧邻潜江的仙桃市就是电信诈骗的警情高发地区。据张警官介绍,2020年湖北警方就在仙桃打掉了一个诈骗窝点,发现当地有半个村子的人都干着和电信诈骗有关的勾当。原因就是当地有部分人外出到电信诈骗高发省打工,受了“蛇头”的蛊惑,走上了这条不归路。潜江当地由于经济较为发达,外出打工的人较少,且外出者主要流向邻近省份,和危险人员没有太多接触。此外,外来人员在潜江当地基本上也可以找到工作,在生存压力小、业余时间少的情况下,他们没有动机去从事诈骗的违法行当。同时,潜江由于流动人口较少,十里八村都是认识的人,当地居民品性较为和善,民风淳朴,少有本地人会去行诈骗之事。

4. 原因小结

潜江当地较为良好的经济条件提供了众多就业岗位,当地群众有事可做，有班可上，这是社会稳定的基石，也是犯罪率低的客观条件；当地警方对防范电信诈骗的宣传到位，防范措施有力，能精准打击电信诈骗犯罪团伙，让法律更好地为民众护航；潜江当地民风淳朴，更是从源头上降低了电信诈骗的发案频率。

（二）政策建议

1. 加强地面宣传的传达效率

1）小组化宣传

考虑到当地在地面宣传中有挨家挨户发送宣传册等地面宣传的手段，而单纯依靠有限人力的方式效率不够高，分组进行宣传则是一种更加直观有效的方式。具体操作为：以社区、村委为单位，实现一村一策、一区一策，将具体的地面宣传任务下放到村委和小区，让当地因地制宜，结合具体的情况开展工作，原宣传单位更多进行监督与督促，在大方向上予以指导，这样一来，人力物力都得以节省，宣传效率也在一定程度上有所提高。

2）增加 LED 屏设置的宣传短片投放频率

考虑到当地城镇广场和村口等地区都设置有 LED 屏幕，可以利用这一设备循环放映防诈骗宣传的知识，将反诈宣传渗透到人民群众的生活中，潜移默化地提升人们的反诈骗意识。

3）进行广告宣传

考虑到地面宣传受众的有限性，可在当地的电视、网络平台上，进行公益广告的投放，以提高反诈宣传的受众面，让群众在休闲娱乐之余也能收获反诈知识，增强反诈骗意识。

2. 趣味化宣传手段

1）制作宣传动画

在视频平台上制作相关的主题视频，运用现代化手段，增加这一主题的关注度。动画生动有趣，适于观看的年龄范围广，在视频网络平台不断发展的现代化网络社会中，是趣味性宣传的主要媒介。

2）利用名人效应

利用名人效应，是扩大宣传的有效方式。例如，在全民反诈日等特殊日期，国家反诈中心微博账号等官方账号可以与部分博主联动，进行进一步的宣传，提高人们的反诈意识，塑造人们更强的防范心理。

3. 增加新的宣传形式

1）防诈骗问答比赛

以公司或者学校为单位，定期举行防诈骗知识问答竞赛，这种方式一方面可以帮助人们自我检测自己的防诈骗能力，另一方面也有利于从统计意义上了解群众对于防诈骗知识的了解程度，且在一定程度上可以起到督促群众自我检查、自我反省的作用。

2）防诈骗宣传 App

国家反诈中心 App 的具体功能在前文中已经阐明了，而将这一 App 进行推广则是接下来工作的重中之重，线下提醒安装的方式虽然保证了宣传力度，但在宣传广度上较弱。手机出厂自带的软件中如果能加入国家反诈中心 App，则防诈骗宣传的广度也可以实现一个质的飞跃。

扶贫志愿行动的有效模式与发展方向

——基于湖南省汨罗市扶贫工作的调查

戴语嫣　郑冰清　曾　卓①

一、调查实践的背景、目的与意义

（一）活动背景

2013年11月，习近平总书记在湖南湘西十八洞考察时首次作出了“实事求是、因地制宜、分类指导、精准扶贫”的重要指示。2015年11月27日—28日，中央扶贫开发工作会议在北京召开，习近平总书记强调，消除贫困、改善民生、逐步实现共同富裕，是社会主义的本质要求，是我们党的重要使命。2015年11月29日，《中共中央国务院关于打赢脱贫攻坚战的决定》发布，要求确保到2020年农村贫困人口实现脱贫，正式吹响了脱贫攻坚战的冲锋号。

2020年是脱贫攻坚的决胜之年。汨罗市为深入贯彻落实中央、省、岳阳市关于脱贫攻坚工作的整体部署，全面决战决胜脱贫攻坚，结合实际，制定了《汨罗市2020年全面决战决胜脱贫攻坚工作方案》。

其工作目标是，以习近平新时代脱贫攻坚重要论述精神为指导，认真落实中央、省、岳阳市关于全面决战决胜脱贫攻坚的整体部署，持续推动政策落实、工作落实和责任落实，全面提升脱贫质量，巩固脱贫成效，确保到2020年6月底，全市未脱贫人口全部具备基本脱贫条件，年底全部脱贫，进一步巩固24个已出列贫困村脱贫成效，顺利通过中央、省、岳阳市脱贫攻坚工作普查和验收，创建全省脱贫攻坚先进县（市）。

其工作步骤分为三个阶段。第一阶段为动员部署阶段（2020年2—3月），该阶段主要任务为研究制定全市决战决胜脱贫攻坚方案，全面动员部署。第二

---

① 戴语嫣为华中科技大学法学专业2019级本科生；郑冰清为华中科技大学产品设计专业2019级本科生，曾卓为华中科技大学工程管理专业2019级本科生。。

阶段为提升阶段(2020 年 3—6 月),该阶段主要任务为突出“回头看回头查回头帮”,确保“三保障”及饮水安全存在问题清零,防范扶贫领域风险,补齐短板弱项;突出产业就业帮扶,帮助贫困人口稳定增收,有效防止返贫,确保剩余未脱贫人口具备脱贫基本条件。第三阶段为决战决胜阶段(2020 年 7—12 月),该阶段主要任务为落实落细各项扶贫政策,加大帮扶力度,确保全部贫困人口如期实现高质量脱贫,顺利通过中央、省、岳阳市贫困工作普查和验收;帮助加强村“两委”班子和党员队伍建设,打造一支“永不走的工作队”;加强脱贫成效宣传,讲好汨罗扶贫故事;健全脱贫攻坚与乡村振兴有效衔接的长效机制。

(二) 活动目的及意义

夺取脱贫攻坚战的全面胜利,是中国共产党领导下的我国又一重大历史壮举和重要历史功绩,作为新时代的大学生,理应参与其中,亲身感受,做到“把论文写在祖国大地上”。

在实践活动中,我们将深入基层,志愿参与基层一线的扶贫工作,体会扶贫工作的酸甜苦辣。通过走访汨罗市扶贫办、行业扶贫牵头单位负责人,获取汨罗市贫困人口数据及脱贫攻坚的具体部署安排,了解全市脱贫工作情况与工作成效。通过采访驻村办(扶贫督察组)工作人员、基层扶贫队员、贫困户,从不同角度了解扶贫工作,收集家乡扶贫工作素材,讲好家乡的扶贫故事。

本次实践活动有利于进一步提高队员对扶贫工作的认识和对家乡社会的认知,进一步提高队员与群众的交往能力,进一步提升队员的社会实践活动组织与实施水平。

二、调查实践的内容与方法

本次实践活动主要采取了访问调查法、实地观察法、文献调查法。我们通过走访汨罗市扶贫办、农业局、人社局、教育局等扶贫主管部门,从产业、就业、教育等方面对扶贫干部进行采访调查,了解汨罗市扶贫工作的基本信息,同时也获取到一些扶贫工作资料与报告作为参考。

随后我们去往了八景、罗江、白塘、新塘、白水五个乡镇进行实地调研,深入接触基础扶贫工作。通过与驻村干部开展座谈会、走访当地群众、参观实地扶贫项目等方式,我们对扶贫工作的认知进一步加深了。

三、调查实践的结果与分析

(一) 产业扶贫

汨罗市辖 15 个乡镇,人口 67 万,全市共有贫困村 24 个,建档立卡贫困人口 24019 人。为全面确保脱贫质量,进一步巩固脱贫成效,汨罗市委市政府坚持把产业发展作为脱贫攻坚的治本之策,充分发挥资源禀赋、区位交通优势、依托龙头企业、坚持“四跟四走”,创新方法、扎实推进,取得较好成效。三年来,累计投入各类产业扶贫资金 9947 万元,发展规模产业扶贫项目 118 个,带动 21868 人顺利脱贫。

1. 产业扶贫的具体方式

汨罗市根据产业扶贫项目的不同情况、不同需要,针对性地推动实施产业扶贫。产业扶贫方式大致可分为四类。

一是直接帮扶。直接帮扶主要是通过以奖代补、财政贴息、实物补贴等方式将财政扶贫项目资金直接补贴到贫困户,支持其发展产业。比如说三江镇湘旺油茶扶贫基地建设,按照“财政帮扶、村级统筹、受益到户”的原则,村委会牵头用财政扶贫资金组织贫困群众建成 8000 亩油茶产业基地,覆盖全村 90%以上贫困户,预计油茶丰产后每年人均增收 500 元以上。

二是股份合作。贫困户以土地、林地、水面等生产资料和财政扶贫资金入股,由龙头企业、专业合作社、农业大户等新型经营主体统一经营、统一管理、统一分红,实现资金变股金、资源变股权、农民变股民。白水镇西长村以财政扶贫资金和贫困户土地为股本,入股湖南益健农业科技有限公司,建成蓝莓种植、深加工标准化生产基地,公司统一供种、育苗、培管、收购,贫困户不仅获得种植收益,还能得到股份分红。这一项目可带动全村 90%以上贫困户年人均增收 800 元以上。

三是委托帮扶。将财政扶贫项目资金直接委托给有带动扶贫对象共同发展意愿、有一定产业发展基础、有良好社会责任意识、有抵御产业风险能力的龙头企业、专业合作社等,建设产业扶贫项目基地,项目收益按比例分配给贫困户。罗江镇实施的茶叶产业扶贫项目,投入财政扶贫项目资金 140 万元,由湖南省千盏茶叶发展有限公司代建标准茶叶基地 1120 亩,并委托该公司经营管理茶叶基地,按照贫困户 70%、经营企业 20%、村集体 10%的比例分配产业收益,预计可帮助贫困户 484 户 1604 人每年人均增收 600 余元。

四是资产收益帮扶。汨罗市资产收益帮扶主要是通过修建光伏发电站,利用其产生的电能汇入国家电网获取资产收益。2017—2018年汨罗市累计建成村级光伏扶贫电站14个，集中式光伏扶贫电站2个，共安置贫困人口公益性岗位88个，人均年增收6000元。集中式光伏扶贫电站每年收益为350.1万元，利益联结无劳动能力与弱劳动能力贫困户1167户，户均年增收3000元。其中最具特色的是由国家电投上海电力新能源公司、中伏能源科技集团有限公司共同投资建设的双河坝20MW渔光互补光伏扶贫建设项目。该项目把光伏发电和水产养殖相结合，节约了土地，提高了水面资源利用效率，将达到产业扶贫、生态发展与清洁能源建设“多赢”的美好愿景。

2. 针对困难的相应措施

在产业扶贫的过程中当然也会遇到大量困难，汨罗市针对扶贫产业中的资金、技术、市场三大难题，分别采取了有效措施。

针对资金难题，市里设立专项产业扶贫资金3000万元，重点投向贫困村和贫困人口100人以上的非贫困村，重点支持覆盖贫困人口较多、发展潜力较大的产业。积极推进金融扶贫小额信贷，全市累计发放金融扶贫小额贷款1.3亿元。引导社会资本参与贫困地区产业发展，湖南国湘食品有限公司在弼时镇投入500万元，发展水产类、禽畜类、竹笋类等农产品加工，为46名建档立卡贫困人口提供就业岗位，实现人均年收入3.2万元。

针对技术难题，当地建立产业指导员制度，为贫困群众发展产业提供技术服务和指导。全市下派154名扶贫产业指导员进驻所有行政村开展指导，又成立由农口系统副高以上职称人员组成的产业扶贫专家组，针对贫困户开展培训，每户贫困户至少有一人参训，一批贫困户成了生产型、经营型、技能服务型人才。近年来，当地已累计开办水稻、油茶、高山茶叶栽培技术等培训班26场次，培训贫困户8000人次。

针对市场难题，当地采取重点企业主动“帮”、组织活动专场“推”、电商平台发力“销”、单位工会积极“购”等方式，积极拉动消费扶贫，14家规模企业、12所城区中小学校与贫困村、重点帮扶村结对帮扶。今年(2020年)，平波市长、冯波副书记亲自带货，反响热烈，效果明显。近三年来，全市线上线下每年拉动消费扶贫近3000万元。

在未来，产业扶贫会向乡村振兴发展。当地将坚持脱贫攻坚和全面小康深度融合，将乡村振兴资金、项目、政策向重点村和贫困对象倾斜，以脱贫攻坚为乡村振兴打好基础，以乡村振兴战略的有效推进巩固脱贫攻坚成果。

(二) 就业扶贫

就业是“两业”扶贫之一，是贫困人口增收的重要手段。截至2020年7月，汨罗市建档立卡贫困劳动力9310人中已就业7188人，稳定就业3815人；未脱贫但有就业意愿的338人全部就业；新建扶贫车间15家，新增吸纳贫困劳动力298人。

汨罗市从以下几点出发，落实就业扶贫政策。

第一，深入开展“六个一批”(组织招聘录用一批、技能培训促进一批、劳务协助输出一批、扶贫车间吸纳一批、公益岗位安置一批、自主创业带动一批)专项行动。

第二，完善劳务协作脱贫信息服务平台建设，搞好跟踪服务，确保信息真实准确、更新及时。

第三，完成贫困家庭“两后生”(即初中、高中毕业后未考取大、中专院校，又不愿再复读的学生)技能培训100人。

第四，落实好就业岗位补贴、社会保险补贴、就业创业补贴、以工代赈补贴、交通补贴等扶贫补贴政策。

第五，扶持创新创业，加大创新创业扶持力度。针对疫情冲击，千方百计助力复工复产。

除了硬性“干货”措施外，汨罗市还通过多种途径以软性宣传措施营造就业氛围：发放宣传资料，如撰写慰问信，派发招聘海报、春风行动招聘会邀请卡、就业政策资料汇编；在汽车站、火车站、高铁站设点进行政策咨询；利用电视台等媒体，在城市公交和城乡巴士上广投宣传；撰写新闻报道40多篇，较好地推荐了汨罗就业做法和经验。

(三) 教育与社会扶贫

此次调研中，我们从教育局了解到了汨罗市整体教育扶贫学生资助政策和2020年汨罗市教育扶贫的阶段性成果。

1. 资助原则

(1) 学前、普高、中职等学段，按“学籍地资助原则”落实资助政策。

(2) 义务教育，按“学籍地资助为主、户籍地资助为辅”的原则落实资助政策。

2. 资助条件

基本条件是在籍在校，即有正式学籍且在学校就读。对于其他情况，应注意：

(1) 凡在校就读但无学籍的，都应督促其建立正式学籍。

(2) 凡有正式学籍但不在校就读的，都应劝返复学。

在教育扶贫学生资助政策的实施下，汨罗市2020年春季扶贫助学人数合计10111人，其中学前1337人、小学3560人、初中2772人、普高1448人、中职994人。在资助政策的帮助下，许多贫困学生上学难的问题得到了解决。在接下来的日子里，我们跟随爱行天下扶贫助学志愿者协会为两个贫困家庭赠送了物资，为贫困学生发放了助学金。

爱行天下扶贫助学志愿者协会成立于2017年，是湖南省汨罗市最大的扶贫公益组织，现有志愿者2300多人，注册会员有586人。三年多来，该组织走访了1386个贫困家庭，资助了634名学生。每年4月底到8月上旬期间，该组织均会开展走访、回访活动。一对一资助对象从小学一年级开始到大学毕业，不仅能收到助学金，还能在暑期实习、就业等方面得到帮助。三年多来，该组织共发放助学金158.2万元，2017年得到资助的学生是189人，2018年是215人，2019年是230人，其中小学生210人，初中生190人，高中生220人，大学生14人。每个学生每年会被回访5～6次，团队将带他们出来参与社会活动(组织观看爱国电影等)。对于有心理疾病或其他困难的学生，团队还配有心理咨询师和法律专业人士向他们提供无偿帮助。

四、结论与建议

汨罗市扶贫工作开展得卓有成效。汨罗市扶贫工作以产业和就业为两大基本点，摸索出“扶贫车间”这一特色扶贫就业模式，将就业岗设在家门口，有效地调动了贫困群众脱贫致富的积极性。同时紧紧抓牢教育资助、医疗保障、住房工程、安心饮水、社会养老、基础设施建设等多个方面开展扶贫建设工作，不断稳固脱贫成果，推动脱贫攻坚战和乡村振兴相衔接，努力提高人民群众的生活水平和幸福感、获得感。

但是我们在本次实践重点调研的产业、就业、教育扶贫三个方面，也发现了如下问题，并针对性地提出一些建议，如下所述。

(一) 产业扶贫

1. 产业周期长、投入大

汨罗市扶贫产业以农业为主，虽然能够获得长期收益，但是收益并不高，且产业前期投入和发展周期较长。

2. 缺少在全国范围内有影响力的龙头产业

汨罗市产业虽多，但受市场波动影响大，收益尚不够稳定。想要在未来持续发展,还需在品牌打造上多下功夫。

3. 部分产业的规划与实际运作不相一致

如白塘镇的“渔光互补”项目,池中的鱼现几乎为无人看管状态。据了解,造成这一现象的直接原因是当地出于安全考虑不再捕捞,但深层原因则是鱼肉质较差,销路不通。

对此,我们认为发展产业应该在前期规划时综合考虑多种因素,尽可能地减少损失。

(二) 就业扶贫

1. 创业扶持力度有待加强

据了解,目前汨罗市的创业孵化基地需要第三方社会团体的自发参与,政府部门难以把控项目进度。而在小额贷款的发放方面,2020 年的担保金尚未到位,故而还未发放贷款。

由此可见,对创新创业的扶持还属于汨罗市扶贫工作的短板。在迅速找到当前问题的同时,也需要多借鉴其他地区的经验,制定相应措施以补足短板,激发创业活力。

2. 企业需求和人才供给的结构性问题突出

对于企业急需的管理型、高级技术型人才,贫困劳动力不能符合企业的相应要求。而对于普通的岗位,汨罗市企业给出的薪资待遇又不能让劳动者满意。这两者就出现了矛盾。

3. 技能培训实效不足

部分职业技术培训机构千方百计扩大生源,花费大成本组织培训。但是参加培训的群体存在培训需求不强、培训方向不明的情况,因此培训后效果不明显。而监管部门对此类情况难以界定。

(三) 教育扶贫

1. 现有扶贫助学政策的针对性还不够强

据了解,现有的资助项目标准普遍不高,生活补助也并未根据贫困生的实际情况严格分类,缺乏精准性。

2. 扶贫助学政策的宣传不够到位

许多学生、家长对助学政策不够了解，政策的实际落实不够到位。对此，我们提出的建议是：针对中小学生由班主任有针对性地进行家访，对于本市的高中生，除开学时的宣传之外，另一个宣传重点要放在高考后学生集体返校取学生资料袋的时候，此时是学生对未来最为关心的时期之一，同时因尚未开始志愿填报，学生有充足的时间了解助学政策。

在平时宣传时，也不能过于大张旗鼓，要保护学生的心理，秉持“对事不对人”的态度，避免给受资助学子打上标签。

3. 现有爱心助学活动重物质资助，缺乏对贫困学生的心理教育

在跟随爱行天下扶贫助学志愿者协会资助贫困家庭的过程中，我们也发现赠送物资、发放助学金等活动都属于物质资助，而当前对于困难学生的精神激励和心理教育则相当不足。虽然团队会定期组织学生进行社会活动并进行心理援助，但平日里主动的情感交流不多，学生并未得到足够的精神激励，这容易导致受资助学生产生自卑感或缺少上进心等问题。

大学生内卷感知的现状影响与对策

——基于网络问卷的数据分析

赵凌颖　彭　沛　丁嘉禹　熊梦娇[①]

一、调查实践的背景、目的及意义

（一）实践背景

近年来，几张名校学霸的照片出现在各大社交软件上，在这些照片中，有的人骑在自行车上看书，有的人在宿舍床上铺满了一摞摞的书，有的人甚至边骑车边端着电脑写论文……这些被称为“卷王”的名校学霸登上微博热搜之后，“内卷”一词就这样在众多高校中传播开来。“内卷”，又称为“内卷化”，本是社会学术语，指人类社会在一个发展阶段达到某种确定的形式后，停滞不前或无法转化为另一种高级模式的现象。“内卷化”这一概念最初指的是农民在人口压力下不断增加水稻种植的劳动投入，但最终并未带来产量的显著提高，劳动趋于内卷，从而形成“没有发展的增长”。如今，“内卷” 一词在网络上热传，被高校学生用来指代非理性竞争，并且在一些网络平台上引发了关于内卷的热烈讨论，有关“内卷”的焦虑情绪在大学生群体中传播开来。

（二）研究方向与意义

“内卷”一词引起网络上众多高校学生的共鸣，这一现象反映了当代大学生群体中普遍存在的一种非理性竞争的现象。大学生的竞争压力一直是社会关注的焦点，竞争压力也是影响大学生心理健康的重要因素。缓解大学生的心理压力一直是社会和大学生群体的共同诉求。“内卷” 作为一种低效率、高损耗的内部竞争现象，对于大学生的成长发展具有比较大的消极影响，应该给予更多

---

① 赵凌颖、彭沛、丁嘉禹、熊梦娇均为华中科技大学金融学类专业2019级本科生。

的关注。因此，为了更好地了解大学生群体“内卷化”现象，寻求可行的解决措施，本调查研究以这一社会现象为起点，通过不同方面分析研究大学生的“内卷”行为及“内卷化”的影响，得出了一些具有社会意义的结论。

我们希望通过这一调查研究，更全面地了解大学生竞争现状，让社会更好地了解大学生们的诉求，为缓解“内卷化”竞争压力提供有效的解决措施，探讨大学生教育的社会问题。

二、调查实践的内容与方法

（一）调查内容

我们首先通过文献检索的方式，查阅资料分析了“内卷”概念的演变过程及原因。接下来，在前人研究的基础之上，我们希望在当前“内卷”一词热传的大背景下，深入调查“内卷”所代指的非理性竞争的成因、含义、消极性和负面影响，并分析高校大学生“内卷化”是否具有普遍性，了解高校大学生对于“内卷”的看法，进而探究得到“内卷”给大学生带来的影响，以及可行的缓解“内卷”的措施，探讨出与“内卷”相关的大学生教育问题的解决方向。我们希望通过此次调研引发社会的关注，从而达到帮助大学生健康发展、让大学生群体在国家建设中更好地发挥作用的最终目标。

（二）调查方法

我们在 2021 年 7—8 月使用自填式问卷调查的方法向调查对象发放了调查问卷。由组员设计和多次改动的问卷，能够大致调查出每名受访者对“内卷”的了解、周边环境的内卷程度和内卷的积极、消极影响。问卷的主观性较强，关于调查样本和结果的相关问题会在后文说明。

问卷调查对象的主要来源为我们的同学圈，其中来自一本及以上院校的受访者占比较高，这些同学“距离内卷中心较近”，对于内卷的主观感受和意见更具有参考性。我们共计收到来自外校的问卷 268 份；以及来自本校（华中科技大学）的问卷 90 份，其中有效问卷为 312 份。

在问卷资料收集完毕后，我们对不同的问卷结果进行了不同的赋值，通过问卷星后台、Excel 和 SPSS 相结合的方式对数据进行了统计描述、相关性分析、多因素分析等，得出了一系列相关结论。

三、调查的结果与分析

（一）内卷基本现状

1. 内卷及其含义的了解情况

同学们对内卷的了解情况见表1和表2。

表1　填写问卷前对于内卷是否了解

选项	百分比
了解	84.9%
不了解	15.1%

表2　内卷是否为非理性竞争

选项	百分比
是	69.02%
否	30.98%

注：此处样本为“所有在填写问卷前了解内卷的被调查者”。

从表1中可以看出，超过八成同学在填写问卷之前是了解“内卷”的，这样的结果一方面表明了内卷概念的普及性，另一方面也成了后续分析的基础，即大多数同学是在了解内卷含义的情况下描述自身主观感受的。

根据表2，在了解内卷的被调查者中，有69.02%的被调查者认为内卷是非理性竞争，30.98%的被调查者认为内卷不是非理性竞争，这说明大多数学生认为内卷是非理性竞争，这一看法符合内卷的实际含义。

2. 内卷程度的主观判断与人群差异

根据表3，在被调查者中，认为身边存在内卷现象的同学超过90%，仅有6.8%的被调查者认为身边不存在内卷现象，这表明内卷现象在高校中极具普遍性。

表3　是否存在内卷现象

选项	百分比
存在	93.2%
不存在	6.8%

接下来我们对数据进行了处理，以期得到理工类专业和经管类专业内卷程度的差异。数据分析员对内卷程度进行了赋值和相应分析，从图1可以看出两类专业的内卷程度差异不大，但理工类内卷程度略高于经管类。这符合我们的预期结果，即理工类的课业压力和课业难度主观来讲大于经管类，相应的内卷程度也比较高。

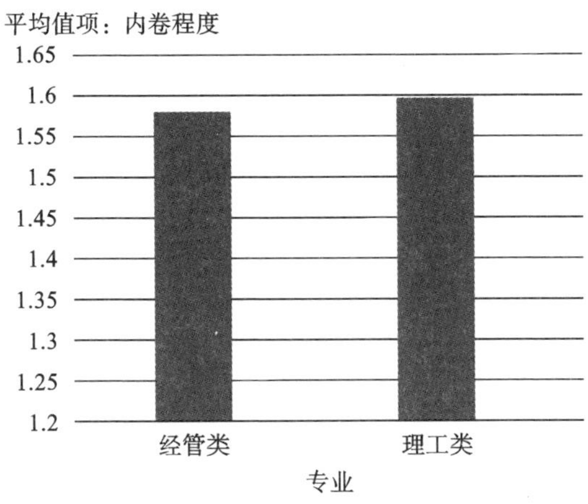

图1 内卷程度与专业差异

注：内卷程度数据赋值：几乎没有内卷=0，内卷程度低=1，内卷程度比较高=2，内卷程度特别高=3；分析制表工具：Excel。

另外，年级和内卷程度之间也有一定的关联，但由于我们收集到的其他年级样本过少，这里无法给出可信的分析结论，这一问题还有待后续探究。

3. 内卷体现方面

我们在问卷中列出了一些可能体现内卷的行为。其中，大家认可度较高的内卷行为有：带有功利性目的而社交，为了分数选择不感兴趣的课程，为了竞赛而竞赛，超额完成老师发布的报告或论文任务以获得高分等。

从表4中可以看出，排名靠前的内卷行为多数涉及学业方面的同学间竞争。另外，盲目考证和随大流考研也获得了半数以上的认可度，说明就业方面的过度竞争也被认定为内卷行为。但在大一、大二的同学（主要的问卷填写者）中，学习在当下带来的压力显然大于就业，符合被调查者对于“就业压力”和“学业压力”的排序（见表5）。

表4 你认为以下哪些是内卷行为（多选）

项目	认可度（由高到低）
出于功利性目的而社交	72.93%

续表

项目	认可度（由高到低）
为了分数选择不感兴趣的课程	65.41%
为了竞赛而竞赛	65.04%
超额完成老师布置的报告或论文任务以获取高分	62.41%
为了综合评价参加过多的学生组织	60.09%
盲目考证以增加竞争力	59.4%
随大流考研而不考虑自身科研能力	55.26%
为了更好地听课提早去教室占座	27.44%

注：认可度为选择了该选项的被调查者百分比。

表 5　你认为内卷主要体现在哪几个方面（排序）

项目	综合得分
学习生活（期末考试，评奖评优）	2.85
课外活动（竞赛科研，学生组织）	1.47
求职就业（实习面试）	0.88

注：权重赋值为排序 1 位=3，排序 2 位=2，排序 3 位=1；分析数据结果来源：问卷星后台。

4. 内卷影响的主观判断与专业差异

我们的调查统计结果显示，认为内卷的负面影响大于正面影响的被调查者占比较多，具体情况及相关结论我们将在下一节详细叙述。下面我们先介绍内卷影响的专业差异现状。

我们同样对内卷的影响结果进行了赋值和分析，得出了图 2，从中可以看出，虽然理工类内卷程度更高，但其内卷带来的负面影响稍低于经管类。我们对结果进行了思考，这可能是因为：①理工类包含的专业较多，并且理工类的就业面较广，因此虽然理工类同学因内卷而承受的学业压力较大，但受到的其他方面的负面影响可能较低；②理工类的男生比例较大，而男生的抗压能力可能比女生略高；③经管类同学由于就业、考研、考证的压力较大等原因，对于未来的迷茫和焦虑程度较高，因此他们受到的内卷负面影响较大。

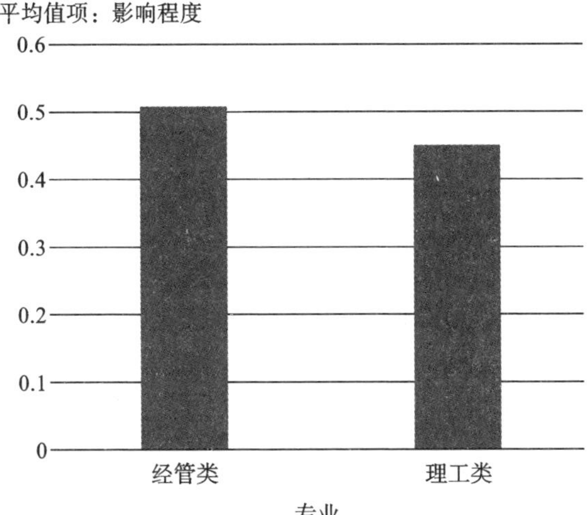

图 2 内卷影响的专业差异

注：对影响程度进行赋值：负面影响大于正面影响＝1，无影响＝0；正面影响大于负面影响＝(－1)，分析制表工具：Excel。

(二) 内卷对于大学生的影响情况

1. 总体情况：消极影响大于积极影响

1) 大多数人的观点：内卷是消极现象

根据问卷中关于内卷影响选项的选择结果，得出表 6。

表 6 内卷给你带来了消极影响还是积极影响

选项	比例
消极影响大于积极影响	60.5%
积极影响大于消极影响	17.3%
无影响	22.2%

由表 6 可见：在被调查者中，有 60.5%的被调查者认为内卷带来的消极影响大于积极影响，而只有 17.3%的被调查者认为内卷带来的积极影响大于消极影响。据此可初步得出结论：大多数被调查者认为，内卷是一种消极性的现象，是一种需要改善的不良现状。

2）内卷程度与影响的数据分析

我们在进行数据分析前预测，内卷程度越高，所带来的消极影响程度越高。数据分析员应用 SPSS 软件进行分析，将内卷带来的影响作为因子，将内卷程度作为因变量，在方差齐性的条件下进行了单因素方差分析，得出了表 7 和图 3 的结果。

表 7　内卷程度与影响的单因素方差分析结果

			平方和	自由度	均方	*F*	显著性
组间	（组合）		19.318	2	9.659	17.08	0.000
	线性项	未加权	14.942	1	14.942	26.423	0.000
		加权	17.824	1	17.824	31.519	0.000
组内			148.727	309	0.566		
总计			168.045	311			

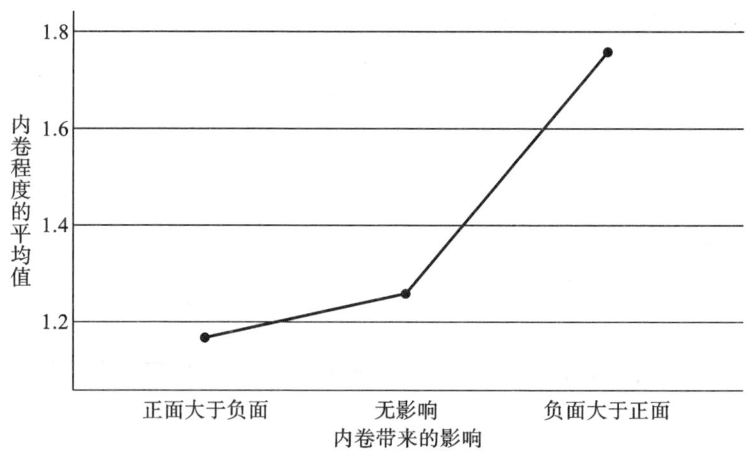

图 3　内卷程度与影响的分析结果图

注：在数据中对内卷程度进行赋值：几乎没有内卷＝0，内卷程度低＝1，内卷程度比较高＝2，内卷程度特别高＝3；对内卷带来的影响进行赋值：负面影响大于正面影响＝1，无影响＝0，正面影响大于负面影响＝－1，分析工具：SPSS。

由表 7 可知，内卷带来的影响和内卷程度之比的 *F* 分布的观测值为 17.08，显著性为 0.000（小于 0.05），这说明内卷带来的不同影响之下的内卷程度具有显著性差异。由表 7 数据作出内卷带来的影响和内卷程度的平均值图，通过

图 3可以看出内卷的负面影响和内卷的程度存在正相关关系。据此可以得出结论:随着内卷程度的增大,内卷带来的消极影响将更为显著。

2. 消极影响与内卷程度的具体分析

我们对几种内卷带来的消极影响与同学们的选择结果进行了统计分析,以期从比较客观的角度来推断内卷的程度和消极影响的关联。按照符合消极影响的程度大小对选择结果进行赋值,可得到不同内卷程度下各种影响的程度平均值,并得出相关数据分析结果(见图 4)。

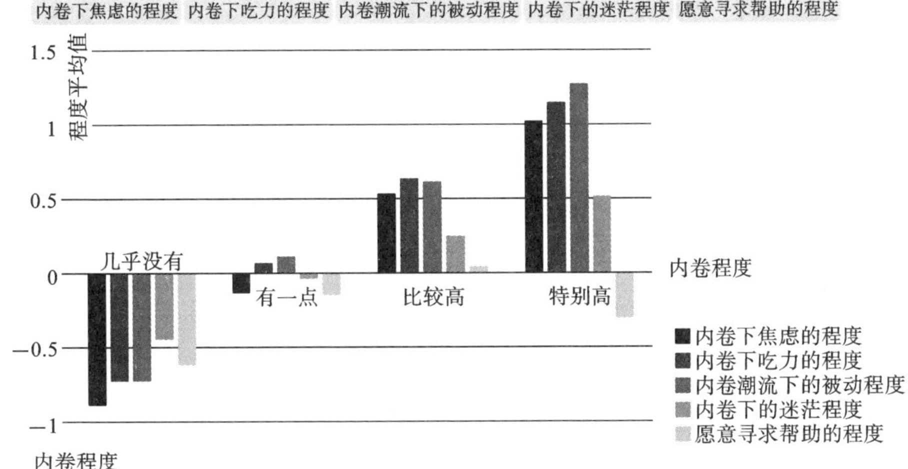

图 4 内卷带来的几种消极影响与内卷程度的统计分析

注:此处对选择结果进行赋值:完全符合=2,基本符合=1,不确定=0,基本不符合=−1,完全不符合=−2;分析工具:Excel。

接下来我们根据图 4 的五个方面(内卷下焦虑的程度、内卷下吃力的程度、内卷潮流下的被动程度、内卷下的迷茫程度、愿意寻求帮助的程度)进行具体分析。相关结论和对应的分析过程详细介绍如下。

1) 内卷下焦虑的程度

对焦虑程度和内卷程度进行赋值,利用 SPSS 软件进行分析,将内卷程度作为因子,将内卷因素作为因变量,在方差齐性的条件下进行单因素方差分析,得到的结果如表 8 所示。由表 8 可知,焦虑程度和内卷程度之比的 F 分布的观测值为 22.445,显著性为 0.000(小于 0.05),这说明不同内卷程度下的焦虑程度具有显著性差异。

表 8　内卷程度与焦虑程度的单因素方差分析结果

			平方和	自由度	均方	F	显著性
组间	（组合）		67.275	3	22.425	22.445	0.000
	线性项	未加权	51.988	1	51.988	52.035	0.000
		加权	66.569	1	66.569	66.63	0.000
组内			261.763	308	0.999		
总计			329.038	311			

据此作出内卷程度和焦虑程度的平均值的关系图如图 5 所示，由此可以看出内卷程度越高，焦虑程度越大，即内卷程度和焦虑程度存在正相关关系。

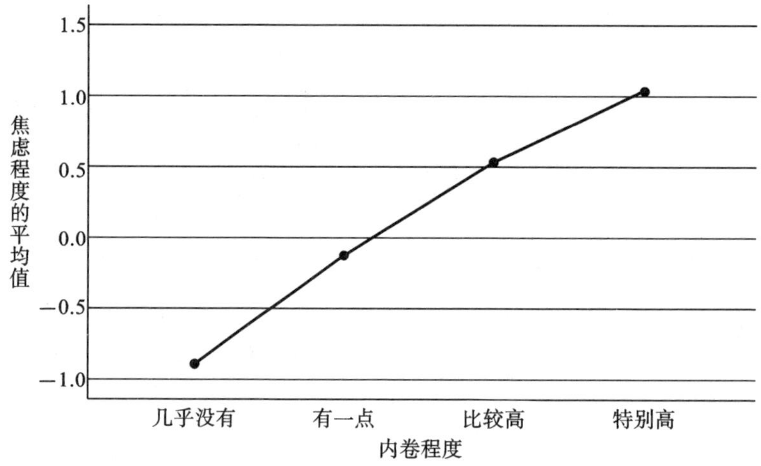

图 5　内卷程度与焦虑程度分析

注：此处结果赋值：焦虑程度非常高＝2，焦虑程度比较高＝1，焦虑程度适中＝0，焦虑程度比较低＝－1，无焦虑＝－2；对内卷程度进行赋值，几乎没有内卷＝0，内卷程度低－1，内卷程度比较高＝2，内卷程度特别高＝3；分析工具：SPSS。

造成这种现象的原因可能为随着内卷程度的提高，大学生之间的内部竞争更加激烈，而越来越大的竞争压力则加剧了大学生们的焦虑程度。由以上结论可见，高度内卷化对于大学生的心理健康发展有负面影响，且这种负面影响随着内卷程度的提高而增大。

2）内卷下吃力的程度

内卷竞争和大学生感到吃力的程度也呈现出明显的正相关关系，即内卷程度越高，大学生感到吃力的程度越高。从图 4 中可以发现，在几乎没有内卷的情况下，大学生感到吃力的程度很低；随着内卷的出现，大学生的吃力程度呈现出正值；随着内卷程度从“有一点”变为“比较高”，大学生的吃力程度呈现出较大幅度的增长。内卷下的吃力程度,是对内卷现状下人们所承受压力的反映。随着内卷程度的增大,大学生的吃力程度明显增大,其背后原因可能是在激烈的竞争氛围下,大学生们发现通过自己的努力越来越难以实现原定目标,每个人都想通过多渠道提高自己的竞争力,从而给自己增加过于繁重的任务或提出更高的要求,进一步导致大学生在为目标付出行动时越来越吃力。

3) 内卷潮流下的被动程度

由图 4 可见,当内卷程度特别高时,大学生在内卷潮流下的被动程度达到了 1 以上,可见内卷程度越高,大学生在内卷潮流下的被动程度越高。这一结论说明,在内卷这种现状下,大多数人并不是主动参与内卷,而是在“内卷”这种竞争潮流下,被动地加入内卷群体。

对这一现象进行分析,可推知随着越来越多的人因为内卷程度的增加而被动地加入“内卷”潮流,“内卷”的程度又会因为更多人的加入而加深,这又会造成内卷潮流下大学生被动参与内卷的程度加深,从而形成恶性循环。造成这种现象的原因可能是内卷给周围的人带来了“被淘汰”的竞争压力,大多数人因为“如果不参与内卷,就会落后而被淘汰”的心理而被动参与内卷。

4) 内卷下的迷茫程度

大学生在内卷下的迷茫程度随着内卷程度的增大呈现出增大的趋势。这个结果反映出内卷确实有“使大学生变得更加迷茫”这一消极影响。但是总体来说,相较以上几种负面影响,其受到内卷程度增大的影响较低。

5) 愿意寻求帮助的程度

由图 4 可见,在内卷程度比较高的时候,大学生愿意寻求帮助的程度显示为正值;而内卷程度特别高时,大学生愿意寻求帮助的程度变为负值。这一结果说明,当内卷达到了一定的程度时,随着内卷程度继续加深,大学生们更不愿意向他人寻求帮助。这一结果与一开始所做的假设并不相符合。出现这种结果可能有以下两方面的原因:一是当内卷达到一定的程度时,大学生对可以通过寻求帮助使自己在内卷下的状况得到改善的信心降低,且随着内卷程度的加深,他们认为可以提供实质性帮助的渠道较少;二是由于参与内卷竞争的“被动性”,处于内卷潮流中的大学生易因竞争压力产生自暴自弃心理,从而放弃向他人寻求帮助。

3. 积极影响与内卷程度的具体分析

我们将问卷中涉及内卷积极影响的三项结果进行了赋值和分析,得到不同内卷程度下各种影响的程度平均值,相关数据分析如图 6 所示。

总体来看,积极影响的各项程度平均值均为负值。即使在几乎没有内卷现象存在的情况下,各项积极影响的符合程度仍为负值,这在一定程度上反映了

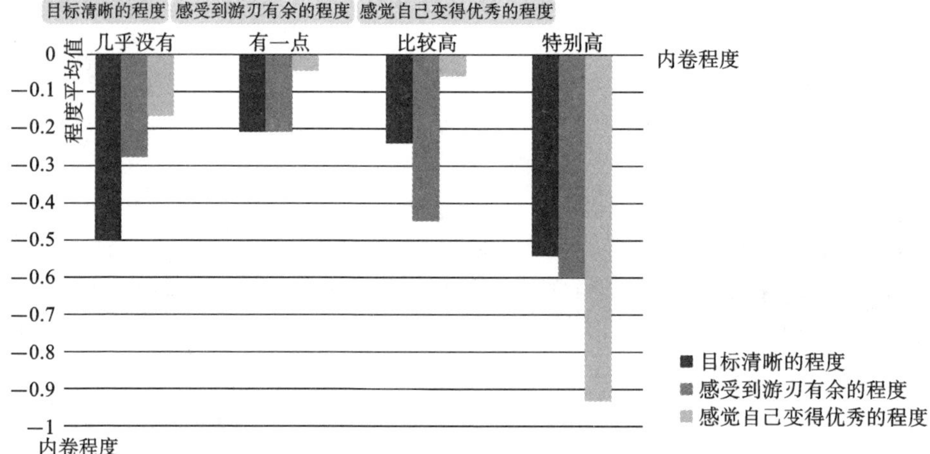

图 6　内卷的积极影响与内卷程度的统计分析

当前大学生普遍存在着目标不够清晰、学业压力大以及自己并没有变得更优秀的感觉。现结合内卷程度的变化对各项积极影响进行对比分析，可以得出如下结论。

（1）从图 6 中可以明显地看出，目标清晰程度随着内卷程度的变化，呈现出先增高后降低的趋势。即内卷程度从“几乎没有”到“有一点”时，目标清晰程度有显著的增高，而之后随着内卷程度的增大，目标清晰程度显著降低。这反映了当内卷程度较轻时，竞争在一定程度上可以使大学生的目标更加清晰；而当内卷程度越来越高时，大学生们在激烈的竞争之下对于自己的目标朝着越来越不清晰的方向发展。

出现这种现象的原因可能是：由于内卷程度的提高，诸如高绩点、竞赛获奖等成为越来越多大学生的共同追求，因此造成很多大学生“随大流”，受到他人目标的影响，而对自我发展的定位越来越不清晰甚至产生自我怀疑。

（2）由图 6 可见，内卷程度从“几乎没有”到“有一点”时，多数大学生感受到游刃有余的程度有小幅度的上升，感觉自己变优秀的程度也具有小幅度的上升。当内卷程度从“有一点”增大到“特别高”时，大学生感受到游刃有余的程度均值从－0.2 下降到－0.6，有较大幅度的降低，而在内卷程度特别高时，大学生感觉到自己变优秀的程度直接下降到－0.9，具有显著性的降低。

背后的原因猜想：适当的竞争能够激发大学生们的斗志，有助于提高他们的学习效率，即产生激励效应。而当内卷程度持续增高时，竞争会逐渐偏离正常水平，向非理性竞争发展，多数大学生在这种环境下会因被迫给自己增加更多的任务或制订更多的目标而感到力不从心，他们的期望往往与实际行动不相符,并因此降低自我进步的认同感。

4. 其他研究与思考

我们在问卷中设置了"大学生在感受到内卷负面影响时,渴望得到谁的帮助"这一问题,相关调查结果如表9所示。

表9 你希望获得谁的帮助

选项	比例
好朋友	55.26%
心理医生	16.17%
辅导员	11.28%
家长	9.77%
同学	7.52%

从上述调查结果中我们可以看出,超过半数的被调查者在感觉到内卷带来的负面影响时希望得到好朋友的帮助,可见友谊在大学生活中的重要性;选择向心理医生求助的占比位居第二,可见相当一部分大学生对心理医生的作用有着充分的认识。出乎我们预料的是,选择向家长求助的占比不到10%,和选择"同学"的占比差异很小。这可能是因为家长通常不了解同学们的大学生活从而难以给出有效帮助,也可能是因为一部分同学存在"报喜不报忧"的心理。但是我们还需要注意到,大学生和家长之间可能存在沟通交流方面的隔阂,相关具体原因有待后续研究探索。

(三) 造成内卷的可能因素

根据问卷调查结果,可得到关于内卷原因的数据,如表10所示。

表10 你认为哪些因素造成了内卷?(多选)

导致内卷的因素	认可程度
非赢即输,"一方受益必有另一方吃亏"的零和思维	71.80%
高校的大规模扩招导致本科生及研究生数量膨胀	62.41%
有限的社会资源	61.65%
盲目的攀比心理	55.64%

续表

导致内卷的因素	认可程度
同学之间的竞争氛围	48.87%
大学生对于更好成绩的追求	43.61%
长辈对于大学生的较高期望	42.86%
日益增长的生活成本	35.34%
没有明确自己的人生目标	34.21%

注:认可度为选择了该选项的被调查者所占百分比,后同。

表10所陈列的因素中,在被调查人群中受到认可程度最高的四个因素分别为:“非赢即输,‘一方受益必有另一方吃亏’的零和思维”“高校的大规模扩招导致本科生及研究生数量膨胀”“有限的社会资源”“盲目的攀比心理”(按照认可程度高低排列)。这四个因素的认可程度均超过了50%。认可程度最低的两个因素为“日益增长的生活成本”和“没有明确自己的人生目标”,认可度均为35%左右。

具体来看,可以将上述因素划分为三个类别:社会及高校因素;大学生内部因素;其他因素。根据表10中所见,认可程度最高的三项——“非赢即输,‘一方受益必有另一方吃亏’的零和思维”“高校的大规模扩招导致本科生及研究生数量膨胀”“有限的社会资源”,均为来自社会及高校方面的原因;认可程度次之的三项——“盲目的攀比心理”“同学之间的竞争氛围”“大学生对于更好成绩的追求”,均为来自大学生内部的因素;认可度比较低的因素包括“长辈对于大学生的较高期望”“大学生没有明确的人生目标”“日益增长的社会成本”。

对上述结果进行分析,可见大多数大学生认为造成内卷的主要因素来自社会和高校方面,这表明外部压力和社会压力可能是造成内卷的主要因素;来自大学生内部的因素也具有很高的认可度,主要反映为大学生内部竞争以及大学生的心理因素。

结合问卷中的同题目主观选填题进行进一步分析,可将选填的结果分为社会竞争和大学生心理两方面。对主观填写者给出的答案进行概括归纳如下:填写者认为导致内卷的主要原因是社会资源的有限性,激烈的社会竞争和淘汰压力以及社会对于大学生能力判断的固有思维,社会对于成功与否的固有评判标准等。这些因素使竞争成为必然,导致大学生为了获得较高的社会竞争力或更好的工作岗位,而不得不加入“内卷”大军之中。在心理方面,大学生的从众心理和害怕自己落后的心理均可能成为导致内卷的因素,而造成这类心理的原因可能是大学生对于自身发展定位不清晰和对于竞争力的焦虑。

总的来看，大多数大学生认为，内卷是由于社会竞争压力而广泛存在的一种现象。本次调查反映出的总体情况是，绝大多数大学生并不想主动参与“内卷”风潮，但迫于社会资源有限，社会竞争压力大而被动参与其中，这就形成了“周围人都在卷，我不得不卷”的现状。同时大学生的心理因素也不可忽视。这一结论为社会寻求缓解内卷现象的措施提供了两个大的方向。

（四）可能的去内卷化方向

我们参考如表 11 所示的统计结果，并结合主观选填题的补充，对“认为内卷不合理”的被调查对象所期望的去内卷化措施进行了统计和总结。

表 11　哪些措施可以缓解内卷所带来的困扰（多选）

选项	认可度（由高到低）
改变社会对于“非赢即输”的局限思维	77.61%
高校对大学生采取多方面培养和多角度考核方案	68.66%
增加大学生的升学、就业机会	64.18%
社会降低大学生未来所面对的生活成本	58.96%
家庭和大学增强对于明确大学生的人生目标的教育	55.97%
高校的考核方式设计字数上限	17.16%

从统计结果中可以发现，大学生群体对于高校和社会的期望较高。具体而言，多数人对于社会资源的分配和高校体制的改革具有极高的渴望，这一定程度上体现了大学生因未来生存压力而产生的焦虑和对于高校内部的僵化制度的批评建议。

具体建议总结如下。

（1）社会环境：改变零和博弈思维，帮助大学生树立正确的人生目标，正确确立人生规划；通过改善资源分配方式、增加升学就业机会、降低生活成本，减轻大学生的未来预期生活压力。

（2）高校教育：需要多方面培养和多角度考核大学生，去除形式化的课程和培养计划，营造张弛有度的学习氛围。

另外，大学生本身的心理压力也是不容忽视的因素，如何放弃从众心理、如何理性面对未来的生活压力、如何发掘自己的潜力、多方面高素质发展等，都是大学生需要用新的眼光看待的问题。当然，要树立正确的竞争观念，也少不了社会和高校对于大学生所处环境的改善和对大学生的正确引导。

四、结论与建议

（一）调研结论

总体上讲，“内卷”通过网络渠道在大学生群体间流行，大家对于“内卷”的含义有着约定俗成的理解，即负面含义上的非理性竞争。事实上，在“内卷”一词从小农经济的领域拓展到各个领域之前，非理性竞争还不是普遍现象，过去对于这方面的研究讨论并不多。联想到内卷的定义，我们可以看出，近几年由于社会资源的紧张性加剧、高校某些体制的不合理性逐渐突出、大学生心理压力问题仍然存在，学生之间的竞争愈发激烈，逐渐从互相促进、共同进步的良性竞争发展到零和博弈、无限循环的无效率非理性竞争。于是，代指非理性竞争的“内卷”在大学生群体中成为热门词汇。

本次调查中我们重点分析了内卷带来的影响。符合预期的是，内卷程度越高，对大学生造成的消极影响越大，其焦虑心理越重。适度的良性竞争可能会对大学生有激励和指导作用，但对于大部分大学生来说，发展到内卷程度的非理性竞争只存在消极影响。内卷带来的影响在专业、年级方面都有些许差异，虽然这部分的调查存在缺陷，但是我们还是可以初步得出结论，理工类更“卷”，经管类更焦虑，这说明在专业层面上，内卷和焦虑的相关程度不同，背后的深层原因值得继续探究。当然，我们要看到有一些大学生，具有明确的人生目标和发展方向，因而不被内卷影响，这也是我们希望培养大学生能达到的目标。不过，我们也应该注意到，这部分大学生中也可能有“卷王”的存在，即由于个人能力过高，成为引起其他同学追赶的内卷源头。

（二）政策建议

首先，有关部门应进行具体策略的优化。我们的调查对象在问卷中表达了希望社会和高校做出改变的期望，具体可以表现为：通过合理的资源分配或设法减轻社会资源紧张情况，降低大学生未来的生活压力；高校应进行改革，如多方面多角度培养大学生、取缔不合理、无意义的课程和培养计划设置等。

其次，有关部门应引导社会对相关问题进行反思。我们希望通过这样的探究总结，引起多方面的思考，让大学生群体作为建设国家的关键力量，更好地发挥作用，而不是在无意义的竞争中浪费时间、滋生焦虑情绪。如何去内卷化，如何帮助大学生健康发展，大学生如何在内卷的狂潮中自救，都有待各个群体反思和实践。

第二部分

经济建设专题

“地摊经济”的发展现状与完善路径

——基于湖北、河南两地的调研

陈韵颀　张琦云　马梦瑶[①]

一、调查实践的背景、目的及意义

（一）调查背景

“地摊经济”是指通过摆地摊获得收入而形成的一种经济形式。由于新冠疫情的影响，国内经济一度处于低迷状态。为了在防控疫情的同时促进经济恢复发展，解决民生就业问题，2020 年 5 月 27 日，中央文明办明确，在全国文明城市测评指标中，不将占道经营、马路市场、流动商贩列为文明城市测评考核内容，推动文明城市创建在恢复经济社会秩序、满足群众生活需要的过程中发挥更加积极的作用。[②]

（二）实践目的及意义

此次社会实践的目的和意义在于深入社会基层，了解“地摊经济”对民众生活的实质影响，以及深入探查与“地摊经济”相关的政策及治理路线。我们将通过走访调研，对“地摊经济”产生实质性的认知，同时进一步认识和发现相关问题，为“地摊经济”更好适应城市社会发展提出相关意见和建议，从而促进“地摊经济”发展，助力城市经济复苏。

---

① 陈韵颀、张琦云、马梦瑶均为华中科技大学法学专业 2019 级本科生。

② 新浪财经. 中央文明办明确：全国文明城市测评 不考核占道经营[EB/OL].[2022-05-28]. https://baijiahao.baidu.com/s? id=1667876848935442474&wfr=spider&for=pc.

二、调查实践的内容与方法

（一）调查内容

在本次社会实践中，我们赴湖北襄阳、河南偃师两地开展实地调研，对两地“地摊经济”的发展情况进行了全面调查，并总结发展现状和分析利弊，针对“地摊经济”今后的发展提出了参考意见。

（二）调查具体安排

1. 访谈类

（1）采访地摊摊主对相关政策的了解程度和看法，以及实际摆摊中遇到的问题。

（2）采访路人对地摊的感受以及地摊对生活的影响。

2. 问卷类

（1）调查摊主的经营方向。

（2）调查身边人对地摊的看法及对地摊的建议。

（3）调查地摊对人们生活的影响。

3. 实地考察类

（1）前往政府办公区域了解当地政府助力地摊经济的政策。

（2）前往地摊密集区进行拍摄采访以及尝试摆摊。

4. 记录交流类

（1）每次外出活动之后写日志记录心得。

（2）每周开座谈会交流情况，进行汇报。

三、调查实践的结果与分析

(一) 调查结果

1. 采访部分

1) 襄阳天元四季城和襄阳唐城

此次采访主要围绕疫情后不同人群对“地摊经济”的看法展开,采访对象包括“地摊经济”管理人员、摊主、路人。采访地点为襄阳天元四季城和襄阳唐城景区。

针对管理人员,采访的问题主要包括“地摊经济”的管理措施、相关政策等。根据采访结果可知,这两处地方的管理都较为有序,地摊的摆放位置及卫生的管理都有相应的规章制度。对于地摊经营过程中可能出现的问题,管理人员都做好了预案。同时,他们对“地摊经济”的前景都有较高的期待。

本实践队伍对路人采访对象的选择较为多元化,选择了不同年龄阶段、不同职业的人进行采访。采访结果表明,大多数路人都对“地摊经济”抱有积极的态度,并且认为“地摊经济”的管理较为良好,消费者大都认为“地摊经济”对疫情后经济的恢复具有很大的推动作用,有其存在的必要性。路人通常认为地摊上的东西较为便宜,比较符合老百姓的日常消费需要。他们对“地摊经济”的担忧之处在于地摊上商品的质量可能得不到保证。谈及“地摊经济”未来的发展,他们认为“地摊经济”要想维持长久、持续的生命力,从短期来看需要政府部门加强管理,从制度、政策方面严加管控,从长远来看,需要提高国民素质。

针对摊主的采访结果表明,并非所有摊主都是“职业选手”,很多人都只是晚上来业余摆摊。这些摊主往往于疫情期间在工作、生活方面受到了很大的冲击,所以选择摆地摊补贴家用、维持生计,甚至有些摊主是因为受到疫情的影响而失业,才选择摆地摊。他们认为“地摊经济”政策的出台,对疫情后解决民生问题有极大的推动促进作用。对于政府相关部门的管理政策,包括收费、时间、地点限制等,摊主们都表示很满意。同时也有部分摊主提出了自己的担忧:在大家的热情散去后,生意可能会越来越差。有人因为生意不好准备过段时间不干了。至于“地摊经济”是否能作为一种经济形式长久、持续存在,绝大多数摊主表示希望“地摊经济”可以持续发展。

在这次调研过程中,本实践队伍选择了上述三类人群进行调查采访,从管理政策角度、经营者角度、消费者角度,全方位、多层次地了解地摊经济,从中得出的结论是:“地摊经济”对疫情后助力复产复工具有很大的积极影响;同时,目前的“地摊经济”不再像以前那样伴随着脏乱差等问题，而是有制度和政策保障；并且，“地摊经济”有望作为一种经济形式长久、持续地存在。

2）洛阳偃师华夏广场

河南洛阳（偃师市）组的采访主要围绕疫情后“地摊经济”对复产复工的助力作用展开，采访地点为华夏广场，采访对象为摊主和路人，其中摊主又可细分为大学生摊主和长期摆摊摊主。

采访结果表明：长期摆摊摊主大多为三四十岁的中年人，且他们大多将摆摊作为自己的职业；疫情后选择暂时性摆摊的大多为大学生。绝大多数摊主和路人都对国家发展“地摊经济”的政策有一定的了解，但绝大多数的地摊摊主都认为政府的相关政策不够完善，由此可见当地政府需要更加深入群众和基层，了解实施情况并完善相关政策，以更好地促进本地区地摊经济发展和复产复工。

2. 问卷调查部分

为了更好地了解、研究“地摊经济”对疫情后经济发展的影响，获得第一手资料，全方位、多层次了解相关问题，我们针对不同类型的摊主开展了问卷调查，问卷共 13 题，共收到 43 份有效问卷。

从问卷调查结果可知，样本中有 46.51％的受调查者为 18～30 岁。样本中超过半数的人对“地摊经济”的相关政策有所了解，39.53％的受调查者对相关政策并不了解。从摆摊频率来看，每天都摆摊的人占绝大多数，样本中选择“每天”的比例为 74.42％。从相关政策对其影响来看，绝大多数人认为摆摊提高了收入，解决了就业，积极影响较多。从摆摊的时间和地点来看，绝大多数人摆摊的时间、地点较为固定。从“地摊经济”对疫情后经济发展的影响来看，绝大多数人认为是积极影响，只有 7.3％的人认为没有影响。在与传统店铺相比存在的优势方面，更多的人认为“地摊经济”投入成本低，有 88.37％的调查人群都选择了此选项；同时，也有 72.03％的人群认为风险小是“地摊经济”的优势。在“地摊经济”存在的问题中，绝大多数人认为同类产品竞争大是主要问题。在对政府的相关政策的满意度调查中，只有少部分的人群不满意，占 11.63％，其他绝大多数人的态度都是满意和较为满意。在对“地摊经济”未来发展趋势的看法方面，有 25.58％的人认为会呈下降趋势，其他人都认为会维持现状或上升。

（二）发展“地摊经济”的利与弊

根据上述调查结果，现将发展“地摊经济”的利与弊总结如下。

1. 发展“地摊经济”的好处

(1) 便利市民的生活购物，降低交易费用。调查发现大部分市民对地摊经济的存在给予了肯定的态度。

(2) 促进低技能人员就业，缓解就业压力。

(3) 丰富城市文化。日本经济学家青木昌彦指出，一些经济形式看似不入流，却是多姿多彩的经济马赛克。

(4) 促进经济发展。一般而言，有地摊的街道会比较热闹与繁荣，地摊上的廉价商品可以吸引消费者聚集，引起消费者的购买欲望，在一定程度上带动周边正规商铺的人流量提升。另外，“地摊经济”也是国民经济的组成部分，对整个国民经济的发展有重要作用。

(5) 有利于推进创业。开工厂、办企业是创业，打工、做劳务是创业，摆地摊、走街串巷也是创业。而且摆地摊因为风险小、见效快、机制灵活、进退方便，受到广大下岗失业人员和农民工的喜爱，许多成功创业人士都有过摆地摊的经历。

(6) 迎合低收入阶层的消费习惯，是对城市消费层次的有效补充。

2. 现行“地摊经济”的弊端

(1) 影响市容，妨碍交通。

(2) 威胁社会治安，加大城市的管理难度。

(3) 造成环境污染。

(4) 部分商品质量得不到保障，侵害消费者权益。

(5) 经营过程中产生的噪音影响市民的休息、学习及工作。

进一步解开“地摊经济”的政策枷锁，让“地摊经济”活跃起来，对稳定就业、促进民生具有积极意义，但是面对“地摊经济”，我们需要一分为二地看待。一方面，国家及地方政府都为“地摊经济”的快速发展提供了有力的政策支持，相关举措增加了就业岗位，缓解了就业压力，对促进社会和谐稳定和城市经济的快速发展都起到了积极作用，同时也是政府以人民至上的“善政”的具体体现，得到了广大市民的积极称赞；另一方面，不能对“地摊经济”进行无限制松绑，在保障“地摊经济”快速发展的同时，要对“地摊经济”进行规范管理，避免“地摊经济”的发展造成环境污染、交通拥堵、生活噪音等问题。

“地摊经济”对疫情后的复产复工产生了极大的积极影响，在一定程度上解决了民生和就业问题。在政策、制度的设计和管理方面，政府和相关部门的举措符合绝大多数地摊经营者的期待，但还需继续完善，如划定区域，在指定地点集中摆摊；划定时间，在指定时间集中摆摊；相关部门指派相关人员定时定点巡查，维护治安，减少突发情况的发生；建立备案，保证商品质量，利于事后追责，等等。

总之，“地摊经济”政策的出台，是疫情后助力经济发展的有力之举，并且目前来看，监管总体到位，促进了民生发展，大多数经营者对此很满意。

（三）“地摊经济”的深度解析

从流量的角度来看，“地摊经济”串联起来的是人们生活的细枝末节。当互联网红利开始减退的时候，越来越多的人开始将关注的目光转移到了下沉市场领域。下沉市场在哪里？很多人将下沉市场定义为三四线城市，乃至广大的农村地区。其实，他们忽略了下沉市场当中一个最值得关注的领域，即人们的“生活圈”。相较于遥远的三四线城市和农村市场，人们真正触手可及的是生活圈，把摆地摊看成下沉市场的活样本，就可以看到最真实的生活、最真实的需求。当互联网经济发展到深水区，越来越多的人开始将关注的焦点放在下沉市场、试图继续挖掘“流量金矿”的时候，不妨以“地摊经济”为切入点，如此或许可以找到打破下沉市场困境的破局之法。同三四线城市和农村地区的用户还需要培养不同，“地摊经济”面对的是业已经过互联网的培养和洗礼的用户，他们已经相当成熟，只需要把产品和营销做到位即可。因此，地摊经济是一把打开下沉市场红利的钥匙。

（四）“地摊经济”的发展政策

“地摊经济”发展的主要问题是可摆摊区域的不确定性，以及长期摆地摊对市容市貌带来的负面影响。市政府有关部门需要加强管理，深入群众和基层进行调查，听取群众呼声，制定科学决策，提升决策能力，尽可能划定出确定的可摆摊区域，以减少对市民生活、消费产生的不便。现将可行政策总结如下。

（1）适度放开，合理管理。对摊点设置进行规范化管理，限时限道，分区、分场所、分时间经营。

（2）加快城市立法，承认“地摊经济”的合法性。

（3）加强卫生、安全管理，提升“地摊经济”整体质量。相关部门需在确保城市环境卫生框架下，保证地摊区域的干净整洁，为消费者提供良好的消费环境。

（4）加强政府引导，促进经验交流。

多产业融合促进乡村振兴新模式探究
——基于对湖北省潜江市“虾稻两育”模式的调查

李万琦　范盛阳　谢一凡　徐圆兰　李嘉①

一、调查实践的背景、目的及意义

（一）实践背景

党的十九大报告首次提出实施乡村振兴战略，并将其列为建设现代化经济体系的六项重点工作之一，这意味着“乡村振兴”首次上升到国家战略层面，是城乡发展的重大战略性转变。

乡村的发展必然要有兴旺发达的产业支撑，只有在乡村实现因地制宜、突出特点、发挥优势，形成具有市场竞争力又能可持续发展的现代农业产业体系，乡村才能有活力，经济才能大发展。因此，本实践希望通过调研潜江市的小龙虾产业如何助力地方经济发展，总结当地企业帮扶村落、产业助力乡村振兴的成功经验。

（二）实践目的及意义

1. 调查乡村振兴战略在熊口镇企业的具体实施情况

湖北省潜江市熊口镇属于典型的水网湖区，俗称“水田”，适合虾稻产业发展。对熊口镇乡村建设现状及成效进行调研，有助于进一步了解乡村振兴战略相关政策在当地实施的成效。

2. 了解企业在实施政策时面临的问题

本次实践希望了解企业在实施政策时遇到的问题，以及借鉴企业的成功经

---

① 李万琦为华中科技大学经济学创新实验班2019级本科生，范盛阳、谢一凡均为华中科技大学金融学专业2019级本科生；徐圆兰为华中科技大学国际贸易专业2019级本科生；李嘉为华中科技大学国际商务专业2019级本科生。

验，为其他贫困村、贫困县改革提供思路，使政府产业扶贫相关政策更好地落地和推行。在对湖北省潜江市熊口镇调研的过程中，在探索乡土美的同时，把握中国乡土文化的基本内核，对弘扬中国优秀传统文化具有重要意义。

3. 了解政府部门实施乡村振兴战略的情况

通过走访潜江市人民政府、潜江市农业发展中心、潜江市乡村振兴局，从政府部门的视角了解乡村振兴战略的实施成效、进度以及遇见的问题。通过与政府工作人员进行访谈交流，进一步了解乡村振兴战略对于地方经济的促进作用。

二、调查实践的内容与方法

（一）调研前期

调研前期，团队全体成员广泛查阅资料，确定了“巩固脱贫成果、助力乡村振兴”这一调研主题以及湖北省潜江市这一调研地点。通过比较筛选后，我们决定选取华山科技、虾谷交易中心、虾皇为主要企业部门代表，农业发展中心及乡村振兴局为主要政府部门代表进行实地调研。

（二）调研中期

(1)团队主要通过实地考察的方法走访企业、政府部门，与相关负责人进行对接。我们团队全体成员一起商讨针对企业以及政府的调研问题，力争做到有的放矢，获取一手资料。

(2)查找潜江市有关农业经济方面的数据，做到理论与实际结合，定性与定量结合。

(3)梳理与企业、政府部门负责人访谈的资料、录音、笔记，构思调研报告的整体框架。

（三）调研后期

(1) 根据调研所整理的资料撰写调研报告。

(2)根据调研所拍取的照片发布推文，做好宣传工作。

三、调查实践的结果与分析

（一）虾稻产业链条情况分析

潜江市小龙虾的产业链条主线为“生产—流通—消费”，上游科研示范和人才培养对应小龙虾产业生产端——种苗繁育与生态养殖。中游货物流通——冷链物流与电子商务承接小龙虾上下游产业链。下游节庆文化和品牌宣传对应小龙虾产业的消费端——加工出口和餐饮娱乐。

（二）虾稻产业链条带动区域经济发展的原因

1. 不断创新

虾稻产业链条可以通过不断的创新拓展来带动该产业所属地区的经济增长。产业链的完整性与专业化为企业或组织的持续创新提供了良好的前提条件，而持续创新的成功与否反过来影响该区域经济增长与否。同时，查阅相关文献可知影响产业链通过创新推动区域经济增长的要素分别为：信息共享的速度、科学技术、管理制度，这三方面的不断进步将能带动区域经济持续增长。

2. 区域品牌效应推广

潜江市与小龙虾结缘始于2000年，经过十八年的发展，逐渐打造成了属于潜江市人民的小龙虾品牌，发展成了潜江市的特色区域品牌，具体可表现为以下三个方面。首先，潜江小龙虾在网上公开了每日价格报表，保障了产品价格、质量的公正性，是潜江市企业信誉和产品声誉的代表。其次，小龙虾品牌具有地域上的文化属性。潜江市创立龙虾节，大力发展小龙虾饮食文化，在此文化理念的基础上，小龙虾品牌可在长时期内培养链上企业对产业所在区域的归属感，进而提高产业链条的吸引力与持久性。最后，潜江市小龙虾品牌化还有利于解决区域经济招商引资问题，吸引其他企业向产业链内集聚。

3. 降低交易成本

潜江市通过建成全国最大的小龙虾交易中心，形成规模效应，降低了企业和个体户因为交易外部化所带来的交易费用，提高了链上交易速度，控制了整个产业链条运营的总成本，提升了其区域产业在整个行业中的竞争力与利润收益，直接促进了区域经济的增长。

4. 区域乘数影响力

潜江市依托虾稻特色产业优势，推进产城融合发展，通过开展电商培训、就业培训、技术指导等方式，提升了村民的就业创业能力，创造了大量就业岗位，拉动了物流、加工、餐饮、娱乐休闲等服务业发展，为农民增收开辟了新的渠道。

虾稻产业不仅促进了潜江市经济的发展，同时也带动了周边县市和其他以龙虾养殖或龙虾加工为主要经济支柱的县市的经济发展。

（三）产业帮扶有效性分析

为促进小龙虾产业发展，解决“三农”问题，潜江市政府采取了一系列帮扶政策，下文将结合实践所见所闻和经济学知识分析这些产业帮扶政策的有效性。潜江市采取的帮扶政策主要有以下五方面。

一是加强培训，帮助农户掌握科学养殖小龙虾的技术。当地政府充分发动农业水产部门技术人员的力量，为当地农户提供小龙虾养殖技术培训。当地技术人员与小龙虾养殖户一起总结完善出了“虾稻连作技术”。通过这一技术，当地将小龙虾养殖与水稻种植无缝衔接起来，使小龙虾养殖的经济效益更加可观。

二是打造全产业链，促进融合发展。潜江市政府鼓励建设标准化虾稻种养基地，推动落实了华山水产 2 万亩国家虾稻、江汉平原 100 万亩龙虾养殖基地等项目，还重点支持华山水产、莱克水产、安井食品等龙头加工企业延伸产业链条，大力支持技术改造和精深加工，鼓励企业深度开发甲壳素、特色食品，提升产品的附加值和产业的竞争实力。

三是用互联网和最新技术，建设小龙虾数据中心。潜江市政府与京东、淘宝等电商平台和顺丰等物流企业开展合作，打造“联网小龙虾＋物流”新格局，还打造全国小龙虾信息中心，支持建设世界最大小龙虾交易平台“中国虾谷”，建成了中国小龙虾交易中心、全国首个虾稻产业大数据中心。

四是依托小龙虾发展特色旅游文化产业。潜江市政府以小龙虾产业为特色，以小龙虾文化为主线，大力推行“小龙虾＋大文创大旅游”，推动产业与文化融合发展、集中发展、跨越发展。

五是加强人才培养，建设人才基地。截至 2019 年 7 月，潜江龙虾学院已累计培训了 6000 多人，为全国输送了大量的高水平龙虾人才。潜江龙虾学院还会同其他平台，每年培养龙虾技师 4000 人，培训农民 15 万人次。潜江市政府同时还在大力推进“潜江龙虾万师千店工程”，以提升潜江小龙虾的影响力。

通过以上分析不难看出，潜江市政府对小龙虾产业的帮扶政策具有针对性、广泛性与前瞻性。帮扶政策的实施效果很好，这与潜江小龙虾近十年产业的辉煌有着直接的联系。

（四）小龙虾产业发展优势分析

1. 地理位置得天独厚，养殖条件适宜

潜江市位于江汉平原腹地，北依汉水，南临长江，为水产养殖提供了充足的水源，且排灌便利。该地属北亚热带季风性湿润气候，热量、雨量比较充足，4—6月气温适宜亲虾交配繁殖、稚虾生长。潜江市主要土壤类型为潮土土类和水稻土土类，少沙土多壤土，水稻土土类多分布在低湿、滨湖地带，主要发育于湖积母质形成的沼泽土。当地常年积水，为小龙虾生长发育提供了得天独厚的条件，这也是潜江市适宜养殖小龙虾的主要原因。

2. 三权分置政策出台，扶农政策助力

潜江市推行的相关政策所发挥的作用主要体现在以下两个方面。

一方面，土地三权分置政策使得土地经营权、承包权分离，促进了农村土地的科学流转、整片规划，提高了土地的产出率，促进了农业的高效率发展。正是在“三权分置”的土地政策的背书下，企业和村镇政府可以大刀阔斧地进行机制改进，包括土地流转规划、迁村腾地等，进而孕育了千亩虾田、万亩虾田养殖基地的诞生，夯实了小龙虾产业的上游养殖基石，创造了新型经济主体——合作社、家庭农场等。

另一方面，针对单个种植户、养殖户，潜江市推行了特色种养产业扶贫政策，按照一定标准对单个农户的种养实行按量补贴，从源头调动了农民的致富积极性，强化了农民在致富过程中的主体意识，形成了政府扶持、农户积极参与的双向良性互动。

3. 物流运输体系完善，仓储设备齐全

潜江市的小龙虾物流运输体系已经十分发达，涵盖公路运输、航空运输、铁路货运、市区快递、仓储配送。其中，冷链运输更是解决“最后一公里”的重要保障，现有的冷链物流网，已经覆盖了全国480多个城市。

4. 消费需求持续扩增，市场供不应求

小龙虾具有巨大的国内国际消费市场。在国内，小龙虾已经从惨遭嫌弃的外来物种变成火爆餐桌的人气美食，从局部区域性消费菜品转化成全民普遍性大众消费美食，市场接受度极高。

此外，潜江龙虾已经通过了HACCP、ISO 9001和全球食品卫生标准BRC

认证，并在美国、欧盟、俄罗斯、韩国等国家和地区进行了卫生注册，出口检验合格率和通关率均为100%，由此牢牢掌控了世界淡水小龙虾产品市场的话语权。

5. 产业组织机制合理，发展规模化

潜江市始终坚持运行产业化的组织机制，实行“龙头带基地、基地连农户”的产业化组织模式，积极以龙头企业为引导，带动闲散农户形成组织群体来有规模地养殖小龙虾，使行业内的分工越来越细化，专业化、协作化程度越来越进步。其中，典型的案例有华山科技的华山模式——公司＋合作社＋农户。组织机制的建立与完善有利于产业链的延伸拓展以及小龙虾产业持续发展壮大。

6. 农业科技协同发展，技术标准化

潜江市政府主导起草了一项由一个国家行业标准、两个省地方标准和一个归属潜江市的地方标准组成的养殖行业标准，即由中国渔业协会发放实施的《潜江龙虾“虾稻共作”养殖技术规程》国家行业标准，湖北省地方的《虾稻轮作克氏原螯虾稻田养殖技术规程》标准和《克氏原螯虾人工繁育技术规程》标准，潜江市地方《克氏原螯虾池塘养殖技术规程》标准。在以上述标准作为基础的前提下，潜江市政府还通过多种形式开展了“科技入户共作”制度，同时还建立了水产养殖登记制度、用药记录制度等管理标准制度。

（五）小龙虾产业发展制约因素分析

1. 虾强稻弱，虾稻产业双轮驱动失衡的现象在部分地区存在

在当前“虾稻共作”的模式下，小龙虾养殖经济效益高，水稻种植经济效益低，重虾轻稻思维造成部分地区产业发展中虾强稻弱，双轮失衡。近几年小龙虾市场价格持续走高，部分农户忽视水稻种植管理或只养虾不种稻，有的农户甚至将“虾稻共作”田改为小龙虾精养池塘。据了解，潜江、监利有10%左右的“虾稻共作”田只养虾而未种稻。这种现象对虾稻产业发展的危害主要有以下三点：一是对地方粮食稳产有潜在影响；二是破坏了农田生态系统平衡，加重了农田土壤结构受损和水体富营养化程度；三是增加了小龙虾病害发生频率和程度，提高了养殖成本和难度。

2. 区域公共品牌创建力度不够，品牌凝聚力不强

这方面的不足主要体现为以下三点。一是已建立的区域品牌监管、保护力度有待进一步增强。目前当地对区域品牌后期的推广、推介、营销、管理和维护工作的重视不够。二是对“虾稻共作”专用品种的针对性、精准性研究不够。

“虾稻共作”源自民间探索，使用的稻、虾品种五花八门。据统计，目前当地种植的水稻品种超过 50 个，但真正适合“虾稻共作”的优质稻品种并不多。近 3 年来，湖北省农业科学院根据多年试验示范结果推介了 6 个水稻专用品种，但大面积推广还需要时间。水稻品种多而杂导致加工品质难提升，稻米品牌市场竞争力不强。三是现有品牌难以形成区域竞争力。湖北省虾稻市场鱼龙混杂，虾稻企业各自为战，难以形成合力。

3. “虾稻共作”模式成本过高使产业融合不完善

“虾稻共作”模式的成本较高，这对很多农户来说是个难题。在小龙虾流通环节，很多涉农企业资产轻，抵押物不足，而现金流又需求大，申请贷款难。在收购旺季，有的企业日均销量达万斤以上，而回款周期问题却常造成流动资金严重不足。调研中，潜江华山科技股份有限公司负责人谈到，近几年湖北省内在稻虾加工、流通等第二产业中的投入减少，导致第一、二产业处于稻虾产业链的薄弱环节。第一产业中的高成本、高投入问题，第二产业中的流通环节资金缺乏等问题也导致“三产”发展不平衡。

4. 缺乏系统的养殖技术

潜江市小龙虾养殖有虾稻共作、虾莲共作、池塘专养小龙虾等养殖模式，经过系统分析不难发现，在不同的养殖模式下，小龙虾的养殖效益也会存在明显的差别。虾稻共作模式为潜江市主推种养模式，部分养殖户多年在同一模式下自繁自养小龙虾，也会导致小龙虾的规格和品质下降。同时，单一的养殖模式下，潜江市的不同地段之间没有形成完整的产业链，没有建立标准统一的多产业链条，没有形成系统的小龙虾产量链条，部分养殖户盲目确定养殖模式，导致了养殖资源的浪费。不同养殖地段的环境不同，没有形成明确的小龙虾养殖体系，也会造成小龙虾的损失。

5. 政策扶持有限，综合竞争力弱

潜江市的小龙虾生产虽然在整个农业经济中具有举足轻重的地位，但因缺乏必要的政策扶持，基本处于农民自养自销的状况。若连遇自然灾害，养虾农户缺乏必要保障，将出现整个农业经济严重损失的局面。此外，小龙虾价格不稳定一直是困扰农户和餐饮企业最大的问题，由于生产成本基本不变，小龙虾价格的浮动直接影响着农户和餐饮企业的纯利润。在潜江市小龙虾交易中心调研时我们了解到，受旺季淡季的影响，各个虾种的价格变化幅度较大，而这直接影响着虾农以及其他企业的利益。

6. 小龙虾的防病害能力弱，由养殖环境导致的危害频发

虽然小龙虾产业的需求不断扩大，但是小龙虾的病害问题却不容忽视。之前湖北、江苏、安徽等地都暴发了大规模的感染，导致小龙虾的产量不断下降。而且潜江市的小龙虾稻田养殖模式存在泼洒石灰水消毒与虾苗的管理不够等情况。目前，潜江市在虾苗的管理等方面存在一定的问题，部分养殖户没有明确的概念，至今没有明确的消毒药物与饲料标准，没有系统的防病方案，只是依据养殖户积累的养殖经验来预防疾病。总而言之，前期对于疾病的预防投入力度不够，缺乏系统的认知，都容易导致养殖环境的疾病频发，也会造成小龙虾产业的巨大损失。

7. 精加工技术发展不完善，仅靠传统农业为经济发展兜底的模式难以持续

小龙虾虾壳中蕴含着丰富的甲壳素，是制造化妆品、生物医药的重要原料。尽管潜江有如华山科技股份有限公司这样的甲壳素精加工企业，但是当前全市大部分水产企业的规模偏小，加工设备、技术和工艺比较落后，后劲不足，相关加工企业的规模和竞争力远远落后于沿海发达省份。据统计，湖北省每年产生废弃虾壳约 16 万吨，既浪费资源，又污染环境。

四、调研结论

潜江市“小龙虾”产业已发展为我国现代农业产业化的成功典范。小龙虾产业链的延伸发展程度直接影响着小龙虾产业化经营的规模大小，同时该产业对促进区域经济的增长有着至关重要的作用。

潜江市小龙虾产业链条主线为“生产—流通—消费”。从产业分布来看，当地一二三产业齐全，并且融合性在不断增强。上游的科研示范为产业的发展提供了坚实的人才保障；中游的货物流通使得小龙虾可以迅速配送到全国各地；下游的餐饮娱乐行业可以促进地方旅游业，有助于打造独特的潜江名片。

潜江市政府推行的产业帮扶政策具有针对性和有效性。当地通过加强培训，让农民掌握技术，使得劳动力升值。当地农民所研发出的“虾稻连作技术”将小龙虾养殖与水稻种植无缝衔接起来，使小龙虾养殖的经济效益更加可观。当地还打造全产业链，促进产业之间融合发展，使得产业链抗风险能力更强；让产业与互联网结合，紧跟时代潮流，在大数据时代，为政府数据整理分析、宏观调控应急指挥调度、消费预测、价格发布和技术规范输出提供决策依据。这些

产业帮扶政策的实施为进一步解决“三农”问题打好了基础。

综上所述，小龙虾产业的发展优势主要集中在地理位置优越、政府政策支持、消费需求高、运输体系完善、农业科技发达等方面；发展制约因素主要集中在龙虾抗病害能力弱、精加工技术可以进一步完善、贫困户养殖成本高等方面。小龙虾产业链在潜江区域内所引发的“持续创新、交易成本控制、品牌创建和乘数效应”已经成为潜江地方经济突破性发展的源动力之一。

农村产权制度改革的路径与成效

——基于湖北省宜城市的调查

钟一奇　杨臻一　叶宇歌　熊韵杰　李天尧　张焱柯　谢灏璇　周妙妍　丰　婷[①]

一、调查实践的背景、目的及意义

（一）实践背景

农村集体产权制度改革，是农村改革中具有“四梁八柱”性质的重要改革，关系到构建实施乡村振兴战略的制度基础，对保障农民权益、完善乡村治理具有重大意义。宜城市位于湖北省西北部，是湖北省的改革示范县级市，是全国第一批 100 个“新型城镇化建设”试点县级市之一、第一批全国 33 个土地“三项制度”改革试点县之一（1994 年，经国务院批准撤销宜城县，设立宜城市）。宜城市有着较好的经济基础，在新型城镇化综合试点、土地制度改革试点中探索出了多项有益经验，经济社会发展稳中有进，城乡一体化进程较快，并且在乡村振兴工作部署方面起步较早，这些为乡村振兴战略的实施奠定了坚实的基础。在此背景下，本调研小组深入宜城市罗屋村、莺河村两地，探求农村产权制度改革的经验之道。

（二）调查的目的及意义

开展关于集体产权制度改革的实践调研，目的就是通过同学们切身的走访，最真实地呈现以罗屋村、莺河村为代表的宜城乡镇的乡村振兴进展和现状。通过详尽的调研和报告，让更多的人看到乡村振兴的实绩和尚存的不足。同时，我们试图为有关部门总结出一套科学有效的振兴措施，并将其他措施推广

---

① 钟一奇为华中科技大学会计专业 2019 级本科生，杨臻一、李天尧为华中科技大学机械设计制造及其自动化专业 2019 级本科生，叶宇歌为华中科技大学法医学专业 2019 级本科生，熊韵杰为华中科技大学计算机科学与技术专业 2019 级本科生，张焱柯为华中科技大学信息安全专业 2019 级本科生，谢灏璇、周妙妍为华中科技大学法学院法学专业 2019 级本科生，丰婷为华中科技大学财务管理专业 2019 级本科生。

至其他农村地区，让更多的群众意识到乡村振兴的重要性，也让有志趣的青年人看到乡村振兴的前景和希望，进而投身于宜城乃至全国其他地区乡村的振兴活动中。我们希望能在与群众的接触、交流中得到真实的感受和体验，从实践中得到教育和启发。

二、调查实践的内容和方法

（一）调查的内容

通过走访实践了解国家乡村振兴战略的大政方针，以及罗屋村、莺河村在集体产权制度改革和宅基地制度改革方面推行的具体措施。在深入了解两项制度改革的实施效果后，总结值得借鉴与发扬的“罗屋模式”与“莺河模式”。

（二）调查方法

1. 访谈调查

联系市政府、乡镇、乡村相关领导进行访谈，初步了解两地情况和莺河特色旅游的历史发展、当前状况和未来规划。联系土地局的相关工作人员进行访谈，了解土地流转实施的背景、可行性、必要性，以及对当地居民、经济发展的影响。

2. 实地考察

（1）查阅资料了解之前的状况，前往当地进行实地考察，对比之前和现在的状况，了解当地的资源优势和产业结构。

（2）采访当地的居民，了解乡村振兴发展特色乡村旅游以来居民的生活变化、他们的亲身感受以及特色乡村旅游对村宅的经济水平的影响。

（3）考察土地流转在当地的实施状况、居民对此的了解程度以及实施后居民收入的变化，并进行调查与记录。

三、调查的结果与分析

（一）罗屋村的过去以及现状

1. 经济“落伍”之村，资源超前之地

罗屋村，位于湖北省宜城市板桥店镇，就如同它名字的谐音“落伍”那样，是

一个坐落于山区的乡村野草地，贫瘠的地貌与闭塞的交通导致当地经济在过去一直不发达。罗屋村的土地资源极其丰富，全村区域面积 23.56 平方公里，共有 520 户，2109 人。值得注意的是，该村林地资源面积高达 1.3 万亩，耕地面积高达 1.75 万亩。自 2018 年起，罗屋村开启了农村集体产权制度改革的优先试点工作。

2. 得益政策号召，开启改革之路

农村集体产权制度改革，是在乡村振兴战略的大背景下，针对农村集体资产产权归属不清晰、权责不明确、保护不严格等突出问题而提出来的一种行之有效的解决方案。自党的十八届三中全会提出了保障农民集体经济组织成员权利，积极发展农民股份合作的相关改革任务后，罗屋村作为改革试点单位，便积极响应政府号召。自 2018 年以来，该村以集体产权制度改革为主要抓手，结合乡村振兴的大战略，充分发挥自身地理区位优势和自然人文资源优势，积极谋划，将集体产权制度改革工作和农业产业结构调整相结合，把壮大村集体经济，增加农民收入作为改革着力点，形成了一套可推广的“罗屋模式”，多次作为省市现场会观摩点。2019 年，罗屋村实现人均纯收入 1.98 万元，比上年度(1.81 万元)增长 9.4%；村集体经济年收入 59.2 万元，比上年度(31.5 万元)增长 88%。该村先后被授予省级生态村、湖北省名村、湖北省绿色示范乡村、全省美丽乡村建设示范村和国家森林乡村等称号。

3. 罗屋之辉煌，稳中也有岖

罗屋村的整场改革无疑是极其成功的，但前进的途中也遇到过不少曲折，走过必然要经历的泥泞崎岖之路。

在集体产权制度改革过程中，清产核资是最为敏感的因素之一，也是广大村民群众关注的焦点。产权改革涉及集体资源，而集体与个人之间又必然要有一个协调。为了把清产核资工作落到实处，罗屋村委会充分发动群众，让群众成为改革工作的深度参与者。涉及的每一个有争议的资产资源都通过召开群众大会共同商议，以增强集体经济组织成员的知情权和参与感。在实际测量面积的过程中，罗屋村组建了以村组干部、老干部、老党员、群众代表为成员的工作专班，用时一个月，精准测量了村集体机动地、荒地、林地、新增资源、建设用地等资产资源，全面摸清了资产资源底数，共摸排出确权证书以外的耕地面积 5897 亩、水面 2121 亩，以及荒山坡、沟路渠等资源的第一手资料。罗屋村村委会对摸排的数据分类别建立台账，进行“三榜”公示，做到公开、透明、公正，确保精准无误、群众认账。

对于实测出来的开荒地，经过村民代表大会讨论，罗屋村村委会确定每亩

一年收取 50 元的非家庭承包款，签订非家庭承包合同 486 份，涉及面积 5260.3 亩，仅此一项就为村集体经济增加收入 26.4 万元。对到期未发包、不履行原合同或部分履行合同的，通过先在职干部、后老干部和党员、最后群众的清收顺序开展清理清收，确保集体利益不受损，党员群众无怨言。通过清产核资，罗屋村保障了农村集体“三资”不漏、不落、不差，实现了资源、资产、资金、债权债务“四清”。

2018 年 8 月，罗屋村正式挂牌成立股份经济合作社，并根据集体产权制度改革政策，对罗屋村集体资产进行股权配置，全村总股 10953 股，其中集体股 3292.9 股，个人股 7660.1 股。罗屋村对股权实行“两不增、两不减”的静态管理，开辟了一条集体资产产权关系清晰和保值增值的新道路。

4. 拨云终见月，成果始显著

2020 年 4 月，罗屋村通过召开理事会、监事会会议拟定了罗屋村股份经济合作社首次分红方案。2020 年 5 月，罗屋村通过召开股东代表大会审议通过了罗屋村股份经济合作社首次分红方案，并在各小组公示了各户的分红明细。全村股东 2109 人，户总股数 7660.1 股，每股分红 3 元，共计分红 22980.3 元。

（二）莺河村集体产权改革

1. 集体产权改革主要做法

确员定股东。莺河村首先成立村集体产权制度改革领导小组和村集体经济组织成员身份确认小组，然后确立“五取得”“五保留”“五丧失”的界定标准和“六步三榜”操作方法，对“一户一档”（户成员登记表＋户籍档案）信息进行修订完善。接下来，莺河村抓住春节大批农民返乡的有利时机，逐户走访、摸排，按照“五取得、五保留、五丧失”的认定标准，通过召开村民代表大会，确定村集体经济组织成员。

确产定归属。莺河村组建清产核资专班（合同清理审查、合同履行执行专班），按照“收、审、分、看、判”五字工作法要求，累计收集“三资”合同 153 份，审查问题合同 3 份，累计金额 10 万元。

确股定权益。莺河村成立农村股份经济合作社，选举理事会、监事会，出台股权配置方案，分时段设置贡献股、农（劳）龄股、基本股，具体办法为：1935 年及之前出生的配 5 股贡献股，本集体经济组织成员均有 1 股基本股，而 1936 年至 1986 年出生的根据合作社时期、一轮承包期、二轮延包期的时期不同分别配股，并将以“人为基数，户为单位”核发股权证书。股权以户为单位实行“增人不增股、减人不减股”的静态管理模式，以保持股权的相对稳定。

确规定管理。莺河村完善了股东代表大会、董事会、监事会等“三会制度”，并进一步完善农村集体“三资”管理制度，严格执行“四议两公开”程序，规范财务公开。接下来，莺河村将目标确立为理顺集体经济组织和村“两委”关系，实现交叉任职，经营好集体资产资源、发展集体经济，推动集体经济组织多元化发展。

2. 抓好集体资产管理，助推莺河村跨越式发展

(1) 规范管理，助力莺河流域开发新模式。莺河村水资源丰富，莺河流域贯穿于莺河村一组至五组，长约 7 公里，此前一直未得到合理开发利用，由私人承包，仅靠农田灌溉和捕鱼维持收入，加之管理混乱、经营不善(甚至出现过投毒捕鱼的极端现象)，集体经济效益甚微。自集体产权制度改革工作开展以来，莺河村清产核资专班对集体资源发包合同进行了全面规范完善。借助“醉美莺河”乡村旅游项目，莺河村抓住发展的机遇，将莺河流域发包给三组的几名经济能人进行旅游项目开发，先后新增了水上乐园、竹排游、摩托艇等水上游乐项目，在助推莺河乡村旅游的同时，年增加集体收入 6.5 万元，丰富了莺河流域发展模式。

(2) 理顺权属，提高集体经济收入增长点。莺河村南一片因河水自然减退而逐渐形成的约 60 亩沙滩地，长期被四组 3 户村民开荒侵占用于种植白杨树，且未与村集体签订承包合同。随着清产核资工作的深入开展，莺河村逐步理顺了农户与集体资产的产权归属，现已将此 60 亩沙滩地全部收归集体，并计划通过签订承包合同予以合法发包。目前，京瑞通达公司已与莺河村初步达成了投资意向，计划在莺河村投资建设 8 个生态园区，该 60 亩沙滩地也将纳入建设规划中，计划建设为兼具旅游景区功能的瓜果种植区，预计将使村集体年新增收入 1.8 万元。同时结合农村集体产权制度及土地制度改革，村集体还将回购的 3 户宅基地改造成豆腐坊、农家乐，发包给村民经营，可为村集体每年增收近 6 万元。据统计，莺河村清产核资共清理出应收归集体的开荒地 2548 亩，如全部予以合法发包，预计每年可新增集体收入 33 万元。

(3) 保障稳定，提升莺河村民集体归属感。据清人分类工作过程中进行的统计，莺河村共有 551 户，2270 余人，其中外来户(主要来自保康、南漳)就有 20 余户。部分外来户因土地问题与外迁地产生纠纷，经常组织人员到外迁地上访，造成不稳定因素。莺河村紧紧抓住集体产权制度改革契机，在清人分类工作中，莺河村结合外来人员对本村的贡献，将所有外来人员纳入了莺河集体经济成员，让他们共享改革红利，并为这些外来户在莺河村流转的土地进行了确权，在有效化解不稳定因素的同时，更明显提升了村民的集体归属感。

(4) 深化改革，让群众享受改革带来的红利。全村已建立起“三会”(股东代

表大会、董事会、监事会)的现代法人治理结构,能够更好地运营和管理集体经济,集中优势资源和技术力量,进行市场化经营,壮大集体资产。目前通过“三会”结构,莺河村已经完成股东分红。2020 年 1 月,为了体现改革成果,让广大村集体经济组织成员有获得感,支持产权制度改革继续深入推进完善,莺河村通过召开两委会、理事会及监事会拟定分红方案并通过股份经济合作社股东代表大会集体讨论通过,对 2019 年度的各项经营性收入中的部分可分配收益进行分红探索,按照每股 2 元的标准进行分红,分红资金直达农户一卡通账户,让农民共创、共享“改革红利”。分红拨付完成后,相关工作得到了广大股民的一致认可。

四、两地的成功经验总结

(一) 实行股份制改革,切实为村民谋福利

罗屋村实行按照年龄和劳动进行股份分配的办法,不仅合理设置了权利和义务,也为村民带来了更多福利。例如刚出生的婴儿只享有基本股,股权系数为 1;而长期生活在农村的老人享有贡献股,股权系数为 5。这样既保证了村民的基础福利,又尊重了人民的劳动,充分体现了股份制改革中将按劳分配落到实处的理念。如此一来,不仅更为有效地保障了村民的基本利益,也为他们争取到了更多的福祉,最大限度地让村民们过上了更好的生活。

(二) 乡村振兴,教育先行

罗屋村还在教育上进行试点改革,相关成果不仅提高了学生的体能素质训练水平,也提高了当地的教育水平。宜城市中小学生综合实践学校,是罗屋村集体产权制度改革下土地入市的杰出成果,也是宜城市教育局批准建设的校外实践教育重点项目,一期可接待一千余人,是目前宜城市最大的校外实践教育场所。学校采用军事化管理,提供优质的学习住宿环境,在锻炼学生体能的同时,塑造了规则意识和纪律意识,具有重大的教育意义。

(三) 形成乡村振兴合力,培养新农人队伍

罗屋村委会给村干部以适当压力、要求发挥村民主人翁精神,让村干部有了紧迫感,从而使得他们紧跟乡村振兴的发展机遇带领村民致富。同时,罗屋村又充分发挥村民的主人翁精神,使乡村振兴战略落在实处,如发展特色农业,实现经济创收,便是政府与村民共同努力的结果。如此一来,不仅充实了农村工作队伍,又形成了政府、企业、社会团体等乡村振兴合力,还通过培养新农人

队伍和解放思想，为乡村振兴打下了坚实的人才和思想基础。

（四）通过打造旅游文化名片，成功提高当地知名度

罗屋村与莺河村在乡村振兴战略的要求下，充分发挥自身优势，又敢于革故鼎新，从而打造出了利民助民的新型模式。尤其是罗屋村的文教事业和莺河村的特色旅游，在当地政府与村民的不断改进中，逐渐实现了可持续发展，也让更多的农户过上了更好的生活。乡村振兴要想从口号变为现实，排在首位的便是"改"，只有敢于改，善于改，才能兴于改，最后成于改。

乡村传统集市转变的现实问题与破解对策

——基于对两省三地传统集市的考察

于雪云　王子璇　张　烨　耿超凡　吴一恒　杨培蓉①

一、调查实践的背景、目的及意义

（一）实践背景

党的十九大报告指出："农业农村农民问题是关系国计民生的根本性问题，必须始终把解决好'三农'问题作为全党工作重中之重，实施乡村振兴战略。"

乡村集市历史悠久，是一个集政治活动、经济贸易和文化娱乐为一体的综合性场域，也是连接国家与社会、城市与农村的重要纽带，同时还是乡村振兴的驱动器。从乡村集市入手，深入调研集市的变迁发展理论和实践，对于推进乡村振兴具有重要的实践和政策价值。

（二）实践目的和意义

1. 响应国家政策

乡村集市历史悠久，是连接国家与社会、城市与农村的重要纽带。探索乡村集市的新动态、挖掘它的创新潜力，有助力农业农村农民的现代化。

2. 激发集市发展活力

本次实践致力于总结集市的发展现状，反思、归纳影响乡村集市发展的因素，并提出解决之道。同时，我们将努力宣传推广优秀乡村振兴集市的创新创造性经验，将集市发展与乡村振兴相结合的模式因地制宜地向全国其他地区宣

---

① 于雪云为华中科技大学汉语国际教育专业2019级本科生，王子璇、张烨、杨培蓉均为华中科技大学汉语言文学专业2019级本科生，耿超凡为华中科技大学临床医学专业2019级本科生，吴一恒为临床医学专业2020级本科生。

传推广，助力乡村经济焕发新的生机与活力。

3. 增强实践行动能力

通过实践提高思想觉悟，增强对乡村振兴发展的认识，提高关注社会、服务社会的意识，成为有责任、有担当的时代新青年。

二、调查实践的内容与方法

（一）实践方法

1. 文献法

在实地调查前，团队成员共同进行文献检索和理论学习。

2. 参与式观察

在集市日，本团队成员“赶集”“逛集”，观察和体验集市在乡村居民生活中的作用和功能。

3. 问卷调查、随机访谈与结果分析

利用已完成的“集市买（卖）方问卷调查报告”等调查资料，以及对集市各类商贩和赶集的村民进行随机访谈所形成的记录对相关问题进行分析。

（二）实践准备内容

1. 掌握相关政策，界定相关概念

研读、掌握党关于乡村振兴的有关政策、发展要求与目标；查阅文献，总体了解乡村集市的起源与变迁、繁盛与衰落，熟悉在集市发展过程中可能影响其走向的因素。

2. 建立宣传平台，扩大活动影响力

建立团队公众号，为后续活动宣传提供平台。

3. 明确团队目标与个人职责

合理分工，加强合作，增进团队凝聚力。

4. 熟悉调研流程，明确注意事项

在活动开始前重申需完成的任务及时间节点，强调调研过程中防疫的必要性、个人安全问题等。

三、调查实践的结果与分析

（一）实践地背景介绍

1. 山东省聊城市堂邑镇

堂邑镇位于山东省聊城市，地处华北平原东南部。土地肥沃，物产丰饶，耕地范围较广，大部分村民仍以农耕为主业，以集市贸易作为副业补充收入，且集市商贩大多为本村居民，外地商贩极少。该集市是自发形成的、与当地经济发展情况相适应的，属于传统性民俗性行为，政府对其选址及一般经营情况干涉较少，村民自主性较强。

2. 浙江省温州市泰顺县筱村镇

筱村镇位于浙江省温州市泰顺县，地处沿海对外开放程度较高的区域，但村民环山而居，交通相对闭塞，物质资源相对匮乏，因此以物品交换与买卖为初衷的传统集市应运而生。筱村镇集市亦位于镇中心，呈“T”字形占据镇公安局附近的两条街道，集市原位置在新建设交通线，即泗筱线的位置，后规划定在此地。这里与各个村落距离相近，便于村民参与。

3. 浙江省温州市泰顺县泗溪镇

在实地调研过程中，我们还对筱村镇东南方向的邻镇泗溪镇的集市进行了考察，以更全面地了解泰顺县传统集市的发展情况。

（二）传统集市调查分析

现阶段我国乡村集市和乡村贸易的受众日趋狭窄，其功能也逐步受限。不同地区传统集市的发展状况也不尽相同。

1. 赶集人群“老龄化”与快餐经济

堂邑镇集市规模中等，摊位约100个，商贩以本地居民为主，以摆摊作为主业与副业的商贩各占一半。商贩大多售卖本地农产品、日用品，如蔬果、肉类、服装等，已形成较为自然清晰的分区。前摊后店的经营模式十分普遍。当日集市上蔬果摊等的利润空间相较以往缩减明显，利润空间较高的是集市中心十字路口区域的食品摊（早餐摊、午餐摊、小吃摊等），其经营人群以中年夫妇或者老两口为主。当地村民赶集频率较高，80.0%的村民表示逢集必赶，绝大多数赶集者为中年妇女与老年人。

2．“日用百货”为主导的山村经济

筱村镇集市占据两条街道，规模中等，摊位约60个，商贩以个体商户和农民为主，也有部分退休人员。从籍贯来看，外来商贩明显较多。售卖商品也以进货为主，包括服装、药材等。由于商品种类的区别，村民在集市上的消费水平明显高于堂邑镇，商贩收入差距明显，多的可达2000余元，少的低至百元以内。这与筱村镇位于山区内部的地理区位关系较大。

3．“早市”集镇风物

泗溪镇集市占据三条主街，规模可观，摊位达500个以上，形成了较为明显的分区：鲜肉、水产、蔬果、衣物、日用百货等，商品种类多样。商贩对政府关于集市的管理规范了解较多，摊位情况明晰。当地村民习惯早市，7点开市，9点闭市。前来赶集的村民大多带货篮、小推车来盛装物品。在所询问的商贩中，63.6%的商贩从事集市买卖10年以上，甚至有两人达到20年以上，且收入也比较可观。

（三）传统集市的发展困境及出路探索

传统乡村集市出现发展困境的原因是多方面的。下面分析原因，并提出相应的发展出路。

1．从市场发展的角度来看

无论是从市场经营者、消费者还是商品与服务的特征来看，乡村集市处于市场体系的最底层，即布罗代尔所说的下层市场。目前，乡村与外界进行的交换呈单向流动的状态。从城市涌入的价格低廉的工业制成品占据了乡村集市的半壁江山，将原本具有特色的当地手工制品排挤在市场之外，使其逐渐消失。而农村自己生产的应季农产品多以独家独户的形式在市场销售。农村仅有消费市场在发展，而其他市场要素缺少发展空间，这是农村市场结构的不对称性的表现。

要想推动乡村集市的转型发展，需要搭建起完备的市场体系和平衡的市场结构。在目前的乡村转型阶段内，农村现代市场制度和结构的完善，需要有关部门推行制度和政策的创新措施，给予农村以人才、技术和资金支持，帮助农村发展农业产业，打开其他市场要素的发展空间。具体可借鉴措施如下：其一，推动家庭经营向产业化的方向发展；其二，整合建立大型的物流配送基地与交易中心，以此来建立起具有本地特色和优势的现代农产品市场。

2. 从社会结构转型的角度来看

传统乡村集市是由小农经济的社会结构所决定并与之相适应的贸易形式。在当今中国的社会结构转型的大背景下，乡村社会发生了很大的转变，面临着城乡矛盾、何去何从的问题。乡村集市的发展方向与乡村社会本身所面临的问题也息息相关。

针对农村剩余劳动力的问题，主要有以下几种解决办法：一是推动农业产业化，发展现代农业多种经营，建立现代农产品市场；二是发展劳动密集型的第二产业，最大限度地吸收剩余劳动力；三是利用农村特有的资源发展第三产业，如乡村旅游、生态旅游；四是将剩余劳动力向大中型城市转移。

3. 从行政管理的角度来看

传统集市多是村落或基层社区共同操办和管理的地域性公共活动，市场或交换活动仅仅是嵌入集体活动之中。因为集市门槛低，村民收入水平有限，集市上仍会出现价格低廉的“三无”产品，工商行政管理者很难将管理真正发挥到实效，只能采取“包容式”的监管方式。

在新的乡村建设政策下，正式的政府管理部门应对现存集市作出具有可行性的发展规划。应当特别注意以下三个要点：其一，逐步制定集市上的商品经营管理规范，如商品质量合格规范、食品安全规范等，并向商贩普及，建设依法经营、诚实守信的市场秩序；其二，集期频率与集区分布要适应人们的“赶集”习惯与消费需求量；其三，要完善乡村市场服务配套体系，如修缮基础设施，搭建摊位、遮阳棚以及必要的安全设施，疏通下水道，使乡村集市与乡村建设文明风貌相符合，着力营造整洁卫生、规范有序的集市环境。

4. 从民俗文化的角度来看

当大中小超市、网购等新的购物方式在农村地区逐渐流行时，集市所拥有的经济功能迅速贬值。另外，村镇民众自产的手工商品因无法抵抗廉价的城市工业品而被驱逐到市场之外。带有民俗文化特色的吹糖人、手工编制的竹篮竹筐等生活用具以及具有表演性质的木偶戏、说书会等娱乐项目在十几年间迅速消失。在新的经济形态下，集市的再次繁荣和转型，仍离不开它的文化场域本色。经济功能与文化因子的结合，才使得庙会能够长久地保持其吸引力。

(四)创新性集市调查分析

1. 葫芦集市

“葫芦文化节”在每年 10 月定期举办，目前已发展成为聊城市旅游产业的一个品牌。多年来，其内容与形式也不断丰富，增加了精品葫芦展销、葫芦技艺大赛、葫芦文化研讨会等内容，集商品、文化、旅游于一体，不仅吸引了全国各地的葫芦买家、卖家，还成为游客一览葫芦雕刻技艺、感受葫芦文化氛围的旅游景点，带动了当地旅游产业的发展。

目前，堂邑全镇有葫芦种植面积 7000 余亩，加工户 300 余家，激光雕刻机 480 余台，销售额占全国葫芦市场的 70%以上。2015 年，山东省中小企业局在路庄村推进淘宝村建设，由政府和阿里巴巴合作，推进电商销售。当地政府还利用市派乡村振兴服务队专项资金，在教场李村流转土地 300 亩、投资 300 万元建设葫芦庄园，采取集体＋农户的经营模式，其中农户负责葫芦地的日常管理，协会统一提供种子、技术指导，葫芦成熟后按市场价统一收购，由此建立起现代化的葫芦市场体系。

2. “夏至”乡野市集

2020 年 6 月，筱村镇徐岙底古村以“夏至”节气习俗为切入点举办的“夏至乡野市集”，作为当地旅游发展的衍生项目，获得了广泛的社会经济效益。

该集市由温州市文化广电旅游局与泰顺县人民政府主办，泰顺文化和广电旅游体育局、筱村镇人民政府协办以及墟里(上海)文化传播有限公司承办。该集市采用了传统的集市形式，以摆摊的方式展示出售商品与体验活动，以节气习俗、提线木偶戏、红釉制釉工艺、山草药医等当地引以为傲的非物质文化遗产为文化基点，转换出农耕农俗、乡村市集、插秧比赛、儿童木偶剧、红釉染坊、山草汽水等活动内容。村民自制的米面层、笋干、土鸡蛋、杨梅等土产，也在市集上热卖。此外村民还承担了“插秧比赛”的讲解、裁判，“福宴”的主持、主厨等工作。这次活动由政府牵头招商引资，组织村民参与，为当地经济提供新的发展因素，为村民提供就业机会与收入途径，具有广泛的示范意义。

3. 案例对比分析

堂邑镇与筱村镇是乡村振兴发展的样板，其创新集市(葫芦集市、乡野市集)也是乡村社会转型过程中集市发挥自身作用的样板。下面将结合以上两种新型集市进行具体分析，以探讨其经验的可推广性。

1）共通性

(1) 从举办形式来看:均采用了传统乡村集市的形式。

(2) 从集市内容来看:均促成了地方资源与文化特色的紧密结合。

(3) 从开市效果来看:均建立了新型商品交易场所。

2）差异性

(1) 从其所依托的资源来看:堂邑镇葫芦集市的发展依托的是葫芦种植与加工产业,即第一、第二产业;“夏至”乡野集市的举办依托的是筱村镇乡村文化旅游资源——徐岙底古村落。

(2) 从推广方式来看:葫芦集市是政府推动、村民参与形成的,村民是经营主体,政府担任组织者的角色;而“夏至”乡野集市则是三方合办,主办、协办方为政府,承办方为商业公司,该活动通过电视综艺节目《幸福三重奏》走进全国民众的视野,并依托泰顺县的乡村旅游资源而继续存在。

4. 案例创新、可推广处

1）转型道路与自身优势相结合

堂邑镇路庄村具有葫芦种植传统,且雕刻、烙画等工艺成熟,当地借助葫芦文化节扩大宣传口,使得葫芦集市的出现水到渠成,并大获成功;筱村镇文旅资源丰富,历史传承悠久,当地配合这类资源研发相关产品并打造系列展馆,成体系地推动了新型集市的出现。据此,各地集市转型前应充分考虑适宜自身发展的道路,合理利用现有资源,或集思广益形成完整的策划与产业链,为打造特色新型集市确定正确可行的发展方向,增加集市转型成功率,使效益最大化。

2）重视文化因素

不同地区文化及相应文化资源可作为集市转型过程中的重要切入点。有关部门应重视民风民俗和传统文化,使特色文化成为新型集市的天然优势,加速其转型发展的过程。

3）政府的领导作用

由于集市的形成大多为自发的民俗现象,政府的领导作用通常较小,这是其属性决定的固有弊端。但在集市转型过程中则需政府参与并发挥其政策制度支持、规划引导项目产业建设、招商引资、文化品牌打造等作用,形成政府扶持机制、产业链条机制、农民参与机制、整体的全域合作总机制,以推动乡村经济顺利转型、促进集市在乡村振兴过程中发挥更多的积极作用。

四、结论与建议

(一)调研结论

乡村集市是乡土社会的缩影。要推动乡村集市的发展,应先确定其在乡土场域中所处的位置,再根据当地的乡村发展状况来确定集市的发展走向。以下三点值得注意。

第一,市场化力量使人们趋向于采用最为方便有效的交易方式。对于现存的乡村集市而言,"一刀切"的做法可能会造成当地市场的衰退,从而影响农民从市场中增收的机会。政府应采取较为灵活、包容的监管模式,逐步完善农村市场的法规建设,规范市场交易行为,引导其发展为一个规范化的市场。

第二,传统乡村集市处于市场体系的底层,市场分层主要是由社会经济结构特征所决定的。集市是市场发展的具体表现而非原因。所以推动乡村集市最根本的办法是培育乡村市场的发展,即除了消费市场以外,市场内部其他要素的发展。政府应颁布相应的制度、政策,给予乡村资金、技术和人才方面的支持,通过农业产业化的建设,带动农村社会的转型与发展。当村庄的经济发展带动消费需求达到一定程度时,集市便能够发展成为固定的集贸市场或商场。政府部门应配备完善的基础设施,建设规范有序的市场环境,发展集中有效的物流模式,逐步引导其发展为现代化的专业市场。

第三,政府应重视集市在乡村振兴战略中的创新带动作用。因人们的习惯作用与其本身形式和内容适用的灵活性,集市可以为产业发展提供展示、交易平台,为游人提供休憩、体验民俗生活的场域,满足人们多样的空间需求。尤其在乡村旅游产业中,集市更具丰富性、文化性与功能性,可以成为经济发展的增长点、社会互动的公共空间、信息共生的平台、青年就业创业的孵化基地。

(二)政策建议

1. 组织领导

政府应成立专门的文明集市管理小组,明确各方职责。镇政府应与村委会联动,确保政策落实情况;出台书面规定,明确奖惩措施;明确集市管理应急处置要求;完善卫生、消防周期性检查,设置轮班表;加强团队诚信建设。集市管理涉及部门较多,可能存在各方信息不对等的问题,成立管理小组也有助于加强信息交流,避免资源浪费。

2. 商品区划

应科学划分市场内不同商品的交易区,以便于消费者购物并避免部分商品的气味影响整体购物体验。应做到布局合理、上市商品划行归市、市口清楚、堆放整齐,活禽、水产、熟食等交易区要配备相关设施,包括必要的防尘、防蝇、保鲜、洗涤、消毒和存放设备等。不同商品交易区可设置立牌指示。摊位数大于100的集市应做书面要求。

3. 道路交通

部分集市所在地道路狭窄,易发生交通拥堵。集市可选址在较为空旷的场域或较为宽阔的街道,为机动车行进及停放留下空间;流动摊贩应避免影响行人正常交通,不得占道经营或长时间停留在街道正中同一位置。

4. 食品安全

市场内经营者应当办理营业所必须持有的各种证照,亮证、亮照经营。要落实食品经营者索证索票制度、购销货台账制度,畜禽产品检验检疫的合格证明应公示到位。经营者健康证等各项证明应由监管部门留档并及时更新。经营者还应落实食品进货查验和查验记录制度,保证商品质量。销售时应遵循“生熟分开”原则。对于售卖小吃等商品的摊位,应定期进行原料抽检,保证食品安全。

5. 环境卫生

集市内不应有成堆垃圾,易产生垃圾的摊位应配备专门容器存放垃圾,即卖即清。活禽、水产、肉食等摊位应避免污水聚集。散集后应有专人负责打扫,对垃圾进行分类后统一处理,责任到人。

6. 投诉反馈

应完善投诉渠道,可在市场内设置12315消费者投诉站,并公布投诉举报电话。同时应有投诉记录和纠纷处理记录。投诉问题应设置解决时限要求,避免问题积累。

7. 政策知情

应在集市内醒目位置设置展板宣传关键政策,保证商贩及村民对此有所了解,摊位流动性大的集市尤应注意这一问题。

乡村民宿发展的现状、问题与对策

——基于江西省婺源县的调查

沈　鑫　岳睿思　林玉婷　郭纪凡　彭思怡　樊亚欣[①]

一、调查的背景、目的及意义

（一）实践背景

近年来，随着乡村旅游热潮的到来，民宿旅游作为一种新兴的乡村旅游资源，成了多元化消费经济中的“网红”业态。全国各地涌现出了一批民宿旅游典型。其中，婺源县就是全国乡村民宿旅游的热门目的地之一。2018 年以来，有 100 多万游客为体验民宿来到婺源，人均停留时长 2.5 日，日均消费 1300 元，当地总收入达 13 亿元，间接带动就业 2 万余人。

如今，民宿已成为拉动婺源旅游业的重要引擎。因此，研究婺源的民宿业，对于研究乡村振兴背景下民宿经营现状与民宿对旅游业的影响具有一定的参考价值。

（二）实践的目的意义

疫情加速了民宿市场和游客群体的重构，乡村民宿面临着诸多挑战。2021 年初，文化和旅游部发布旅游行业标准《旅游民宿基本要求与评价》第 1 号修改单，将旅游民宿等级由三星级、四星级、五星级更改为丙级、乙级、甲级。有关部门不断更新旅游民宿“行标”，旨在推动民宿品质化发展，更好地助力乡村振兴。怎样才能为消费者提供高品质服务，是需要诸多民宿经营者思考的问题。

通过本次调研，我们获知了婺源当下最新的民宿经营状况以及民宿旅游业的发展现状，发现了婺源的民宿旅游业存在的不足并提出了具有针对性的解决方法，为更好地推进乡村振兴做出了努力。

---

① 沈鑫、岳睿思、郭纪凡、彭思怡、樊亚欣均为华中科技大学国际商务专业 2019 级本科生，林玉婷为华中科技大学经济创新实验班 2019 级本科生。

二、调查实践的内容与方法

(一) 实践综述

本次实践从调研乡村民宿经营现状与其在乡村旅游业发展中的作用出发,以此深入了解中国乡村振兴战略实施现状。实践队伍前往婺源县,拜访当地乡(镇)、县政府的相关工作人员,了解到了乡村振兴政策、民宿扶持政策等情况;实地考察了景区周边的民宿,了解了民宿的分布形态、发展情况、经营现状;采访了民宿经营者、景区游客等。接下来,我们根据资料收集的成果,科学分析研究婺源县民宿的经营状况,寻找改善空间,给予解决方案。

(二) 实践方法

本次实践主要采用了文献综述、深度访谈、问卷调查三种方法。

三、调查实践的结果与分析

通过多方调研,我们对江西省婺源县的民宿业发展状况已经有了较为清楚的认识,并针对现存问题提出了相应的解决方案与建议,后期宣传工作也卓有成效。

(一) 婺源县民宿业、旅游业、扶贫政策

通过走访婺源国家乡村旅游度假实验区管理委员会、婺源县全域旅游集散中心、婺源县文化广电新闻出版旅游局、婺源县乡村振兴局(原为扶贫办)、西冲村村委会等单位,我们对婺源县民宿业、旅游业、扶贫政策有了大致的了解,相关情况如下。

(1) 政府整合资源,成立江西婺源旅游股份有限公司,先后把资源禀赋较好的贫困村——篁岭、庆源、汾水、敕坑、李坑等打造成十余个景区景点,村民成为股东,村集体和村民分别获得门票收入的10%和45%的旅游资源费。

(2) 把濒危老宅打造成乡村民宿,实现民宿发展、古民居保护、贫困群众安居、贫困村面貌改善“四赢”发展,贫困户既成了民宿的股东,又成了民宿企业的员工。

(3) 把传统优势打造成扶贫产业。旅游热吸引返乡农民工、创业能人回乡

创业，带动贫困户发展皇菊、茶叶、农家乐、旅游商品加工等特色产业，让更多不在旅游线路上的群众都能共享乡村旅游发展红利。

(4) 服务业是婺源县的支柱产业，37 万人口中有约 10 万人从事民宿业相关工作，全县共有民宿 750 余家(有资料称共计 900 余家)。民宿业吸引外出打工者返乡，吸纳大量就业，带动地区经济发展，提高了人均收入，改善了人民生活。

(5) 当地制定了《婺源民宿产业发展总体规划(2016—2020)》，决定继续进行基础设施建设，响应"乡村振兴""秀美乡村"的主题；注重创新，打造差异化民宿生态产业链；从"观光旅游"过渡到"休闲度假"；吸引消费能力更强的年轻人；降低景区门票收费，通过游客的其他消费来赚取收入。

(二) 民宿发展的共同点与差异

通过访谈五家不同类型的民宿店主，包括酒店型、农家乐式、现代时尚型、古宅改造型以及仿古建筑型，我们对婺源县不同类型民宿发展的共同点与差异之处有了一定的了解。

1. 共性特征

(1) 入住率随淡旺季客流量波动，3—4 月油菜花开放时节、五一劳动节、十一国庆节、11 月晒秋赏枫等时间节点为旺季，其余为淡季，淡旺季入住率差别极大。

(2) 房间每晚单价随淡旺季波动，旺季价格适度上涨，淡季适度打折。

(3) 民宿业雇佣工人的数量随淡旺季波动(大多雇佣当地人)，旺季店主会招聘房间清洁人员、接送顾客的司机、厨师等，淡季则店主可自行完成相应工作，雇佣的工人较少。

(4) 接单渠道主要为携程、飞猪等 OTA 平台，客户覆盖散客、亲子游、旅行团、团建团队、写生师生等；民宿投资主要为私人投资，其中本土投资和外来投资参半。

(5) 民宿业整体纳税压力较小，对当地财政贡献不大。

(6) 民宿业更看重服务质量，单家民宿规模受政策限制(经营用客房不超过 4 层，建筑面积不超过 800$m^2$①)，房间数相对于酒店、宾馆偏少，但利于店主对清洁卫生的保证和对每个顾客的照顾。

---

① 中华人民共和国文化和旅游部. 旅游民宿基本要求与评价: LB/T 065—2019[S/OL]. [2022-07-03]. https://www.mct.gov.cn/whzx/zxgz/wlbzhgz/w020190719476723448205.

2. 存在的差异

(1) 进入门槛不同。古宅改造型民宿和仿古建筑型民宿属于中高端民宿，前期投入较大，修建工期较长且难度较大，进入门槛较高，当地现有投资500万元以上的中高端民宿100余家。农家乐式民宿属于较低端民宿，进入门槛较低。

(2) 产权不同。农家乐式和部分古宅、仿古民宿为店主自有产权，民宿是在原自住房的基础上自费建成。但部分民宿为外地投资者租借土地修建改造完成，租借年限不等。

(3) 兴起年份不同。中低端民宿如农家乐式和酒店式民宿兴起年份较早，有数十年发展历史，数量较多。中高端民宿如古寨改造型和仿古型发展历史相对较短①，民宿修筑较分散，数量较少。

(4) 分布地点不同。婺源东北部和中部的民宿最密集，西南部分布稀疏。其中高端民宿主要集中在思口、清华、浙源、段莘等地，有百幢以上的民宿集群2处，以浙源乡虹关村、思口镇、溪思延村、蚺城街道厚塘庄园为代表的精品民宿产业集聚区3处。值得一提的是，东线热门景点篁岭一带主要为农家乐式民宿，能在旺季吸引大量住客。县上主要为酒店式民宿，住宿者主要包括游客和本地打工者，淡旺季对入住率的影响相对较小。

(5) 宣传途径不同。宣传手段包括熟人介绍、抖音、微信公众号、微博、与OTA平台合作等。是否采取宣传手段、采取何种宣传手段取决于经营者的年龄、理念、资金实力等因素。

(三) 消费者偏好

通过在景区采访，我们了解到大多数游客来自江西周围的省份，如安徽、浙江和福建，他们通常选择在婺源停留两天，住一晚，大都住在县上或者景区内的民宿，对价格的偏好各有不同，且更看中民宿周围的自然环境、生活气息与服务等。

通过线上问卷调查潜在民宿住户，我们了解到过半数受访者更倾向于在出游时选择住民宿，且有过民宿住宿体验；线上平台是他们了解民宿的主要途径；受访者更青睐景观民宿等特色民宿，希望价格实惠的同时，能够享受优质且具有特色的服务。结合在景区了解到的游客需求，我们发现“服务质量与特色环境”是住客在选择民宿时最看重的要素。

---

① 清华镇九思堂为特例，于2011年开办运营。

(四) 现存问题

1. “何为民宿”仍存争议

国内目前对“民宿”尚未有明确的、官方的定义。何为民宿？民宿与传统酒店、宾馆的差别有哪些？什么样的店才能申请成为民宿？民宿如何统一地划分星级？这些问题都尚待解决。据婺源县文化广电新闻出版旅游局某工作人员透露，他们正在拟定相关标准，力求首创性地给予“民宿”定义。

2. 缺乏信息共享系统，民宿的牌照发放与监管混乱

一般而言，一家民宿需持有“工商营业执照”“食品经营许可证”“公共卫生许可证”和“特种行业许可证”四证才可营业。根据现有规定，民宿不应超过四层，而部分乡下农民自建的民宿楼层超过规定，且房产性质得不到当地住建局的认可，面临无法申请有关证件的窘境。部分小区自住房改建而成的民宿，被消防部门认定为不属于营业用房，且消防条件和层高也不符合标准，理论上无法申请有关证件。婺源县文化广电新闻出版旅游局某工作人员透露，由于缺乏信息共享系统，且不同证件在不同单位办理，民宿店就算申请了相关证件，相关办证单位也是无法相互得知的。有些民宿只办理了“工商营业执照”就开始营业；部分入驻 OTA 平台的民宿，四证是不全的，这表明 OTA 平台的监管也是有漏洞的，反映出目前监管单位责任不明、监管渠道缺乏等问题。

3. 民宿经营者未直接享有扶持政策，或对相关政策不了解

婺源县已于 2016 年出台《婺源县民宿产业扶持暂行办法》，每年将安排 2000 万元用以奖励和扶持民宿业，对于农家乐改造为民宿且达一定要求，古宅改造为民宿等情况给予奖励；“旅游信贷通”的开放则旨在降低民宿企业融资成本，拓宽融资渠道。但就我们采访的五家民宿而言，除了古宅民宿和仿古民宿店主提及政府给予过小额奖励以外，经营其余三种类型民宿的店主均表示，完全没有受到过来自政府和景区的帮助，也不了解相应的帮扶和贷款政策。

我们了解到，目前如排污、消防等基础设施建设费用完全由民宿店主自行承担，上级政府只是施加压力、下放标准，但未提供任何资金支持，并未践行《婺源县民宿产业扶持暂行办法》中所提及的“完善基础设施，加强部门联动，整合相关资金，完善民宿集中发展区域路网、水电、排污、消防、卫生等相关基础设施，提升公共景观环境”等相关措施。

4. “模仿婺源景观”与“周边游”分走婺源旅游流量

婺源县篁岭景区以其极具当地特色的“晒秋”闻名，而近几年安徽呈坎、广西苗寨、福建桂峰、重庆梁平等地纷纷开始模仿其“晒秋”。此外，其“徽派民居”“油菜花景观”“小桥流水”等元素也不断被复制。加之很多城市周边不断地有田园观光、度假景点被打造，且新冠疫情的影响使人们出远门专程看婺源景观的意愿降低，这两点原因导致了周边游的兴起，在一定程度分走了婺源的客流量，前来住民宿的游客也相应减少。

5. 民宿业受淡旺季影响大，配套产业发展不足

3—4 月油菜花开放时节、五一劳动节、十一国庆节、11 月晒秋赏枫等特殊时间节点为当地旅游旺季，其余为淡季，这对于婺源县旅游业、民宿业影响极大。走访过程中，我们发现 7 月初大多数景点游客寥寥无几，部分民宿入住率极低。篁岭景区和思口村一带的民宿周边配套产业，如餐饮、休闲娱乐、购物等产业严重缺乏，或者完全没有，游客只能在民宿点餐吃，且要提前报备，这无疑降低了游客的体验感。在淡季，游客稀少导致部分景点关闭、民宿闭店，这导致了部分在旺季从事旅游民宿服务的当地人的摩擦性失业。

6. 民宿经营者缺乏宣传、管理、法律等知识

在我们访谈的民宿中，有三家的店主表示自己有宣传的想法但是不知道该如何实施。一是不知道如何发掘自己经营的民宿的特色，不知道可以切入的方向；二是对于各大网络平台不熟悉，无法通过平台账号进行持续的宣传。部分经营者为返乡人员，此前的工作与民宿或服务业无关，在面对如何科学管理、配置资源、解决纠纷等问题上，不能自行给出好的解决方案。

四、结论与建议

（一）出台相关标准，定义好“民宿”

婺源县的民宿业闻名全国，定义好民宿的开办标准，将其与传统酒店、宾馆、农家乐等形式区分开来，结合硬实力（硬件条件）和软实力（服务与特色）制定好标准来分级，对于婺源县民宿业的特色发展、安全运营等方面有重要的意义。有关部门正在拟定相关标准，希望在不久的将来能给予民宿一个首创的、官方的、稳定的、令人信服的标准。

（二）建立信息共享平台，严抓四证发放

建议办理“工商营业执照”“食品经营许可证”“公共卫生许可证”和“特种行业许可证”的有关部门联合起来，建立信息共享平台。平台的建立有助于让民宿监管部门、OTA平台了解一个民宿到底有没有资格运营，优化办证手续和流程，减少民宿申请过程中的纠纷。建构产业发展所需要的信息通道和信息库，更有助于令乡村旅游的发展过程可预测、可控制。

（三）普及并严格落实相关扶持、贷款政策

有关部门可通过微信公众号、微博、政府网站推送，开办讲座、张贴公告等线上线下的方式，让民宿开办者或有意向的投资者了解相关帮扶、优惠、奖励、贷款政策，激发他们的投资或开办热情。县财政部及相关部门应严格落实政策，热情、专业地为前来办理业务的人服务，让相关政策“看得见，摸得着，容易看得见，容易摸得着”。

（四）坚守文化底蕴，打造差异化、创新化婺源名片

婺源的特色文化是别的地区学不走的，但是单纯靠特色文化来保持长足的旅游吸引力是不现实的，面对“模仿婺源”和“周边游”的兴起，婺源需要明确自己与其他旅游地的差异，不故步自封，有所创新，创造长足的发展动力。在宣传方面，婺源县有关部门可入驻更多社交媒体平台，通过网红热点、影视剧加强营销传播，增加曝光度，吸引更多年轻人的旅游热情；在合作方面，可与其他城市达成战略合作关系，向当地居民宣传婺源风光；在自身建设方面，要推进“观光旅游”向“休闲度假”转型，打造“吃、住、玩”一体化的民宿产业链，让游客体验感更强，停留时间更长，消费意愿更强。

（五）填补淡季旅游空白，促进产业多元化，就业稳定化

可进一步发掘婺源县旅游资源，或人为打造观光、体验景点，平衡一年的游客量，让四季的婺源都有吸引游客的“爆点”；要在发展民宿业的同时，带动相关产业，如餐饮、娱乐、购物等产业的发展，为游客提供更丰富、更全面的服务，提供更多就业岗位；此外，可继续建立“写生基地”“乡村夏令营”“亲子体验站”等特色项目，长期稳定地吸引游客团体前来婺源，进一步保障客流量与居民收入、就业的稳定。

（六）引入民宿管理人才，给予民宿店主技术支持

当地政府应制定民宿管理人才引进机制和优惠政策，加大与地方院校的校

企合作,通过选调生、大学生志愿服务西部计划等方式,积极培养和储备一支年轻能干的管理人才队伍,运用多种媒介,为民宿做宣传、营销、活动策划;帮助民宿定位,制造品牌效应,打造差异化民宿;指导民宿拓宽业务范围;科学规划及配置现有资源;提供基本法律援助,制定入住协定、饮食安全协定等文件,为民宿经营者提供保障。

第三部分

社会建设专题

红色老区“扶贫翻身仗”的再思考

——基于江西省火马村扶贫项目的个案研究

李嘉盛　江训煌　方　静　石　锐　朱一平　邢　斐[①]

一、调查实践的背景、目的及意义

（一）实践背景

2021 年是中国共产党成立一百周年，亦是我国全面建成小康社会的第一年，不少贫困地区已摸索出一条行之有效的脱贫道路。其中，鄂赣皖地区的许多红色老区因走出了一条具有地方特色的脱贫致富路而受到关注。火马村作为脱贫典范，在 2017 年已实现全村基本脱贫，并在乡村振兴政策的指引下向着新的目标大步迈进。本次实践在大量调研、实地走访的基础上，以江西省红色老区火马村的扶贫工作研究为例，对其在当地农村扶贫工作中的具体措施及理念逻辑进行深入探讨，并对其在扶贫项目中遭遇的困境提出一系列有针对性的思考与建议，总结出一套行之有效、具有一定实践价值的农村地区发展战略，以期对其他相似情况的待发展地区有所裨益。

（二）选题意义

1. 理论意义

（1）喜迎建党百年、传承红色基因。为帮助广大青年深入学习贯彻党的十九大精神和习近平总书记系列重要讲话，我们深入基层，走近群众，发掘红色老区脱贫致富道路背后的故事。

（2）树立当代大学生正确的“社会主义荣辱观”。本次实践有助于培养当代

---

① 李嘉盛为华中科技大学金融学专业 2019 级本科生，江训煌、方静为华中科技大学电气工程与自动化专业 2019 级本科生，石锐为华中科技大学预防医学专业 2020 级本科生，朱一平为华中科技大学计算机科学与技术专业 2020 级本科生。指导老师为华中科技大学经济学院邢斐副教授。

大学生扎根基层、服务大众的思想意识,加深当代青年对党的忠诚和信仰。

(3) 深入乡村看振兴,走进一线看发展。在调研过程中,各成员奔赴实地进行多方考察,接触大量一线扶贫人员,了解当前乡村振兴成果,体现了当代大学生走出书本、走进基层的意识和行动。

2. 现实意义

(1) 有助于解决红色老区在新时期践行乡村振兴战备过程中的问题与困惑。

(2) 具有良好的社会效应。

(3) 为有相似困境的红色老区提供了具有一定普适性的解决方案模板。

二、调查实践的内容与方法

(一) 实践内容

在本次实践过程中,实践队伍深入产业扶贫现场,深度调研江西省红色老区火马村,总结其脱贫事业发展经验及优势,并以此为根据向类似环境的红色老区提出发展建议。

(二) 实践方法

资料法、实地考察法、访谈法、问卷法。

三、调查实践的结果与分析

(一) 村内基础建设与改造调研

火马村 2017 年就实现了村村通。目前,村里主干道为柏油路,每家每户都连上了水泥路。村里正准备申报“白改黑”工程,在水泥路的基础上覆盖沥青,满足居民车辆的出行需求。村内医疗条件也大为改善,新改建的卫生所足以应对村民日常生活中的伤病。卫生所规模虽不大,却五脏俱全,有药房、观察区等六间不同作用的科室。镇里的卫生所会定期检查村卫生所的卫生条件以及药品使用情况,保证治疗条件和药品质量。在村里大力推行公厕改革后,村委开展了污水管入户集中处理工程,这不仅改善了村民的居住环境,也提高了大家爱护公共环境的意识。

此外,村内修建有多处篮球场、羽毛球场、亭台楼阁等休闲娱乐设施,为广大村民在农闲时提供了强身健体、休闲娱乐的好去处。

(二) 产业扶贫现场调查

在村边的桑蚕养殖基地，团队了解到桑蚕养殖的一系列产业扶贫政策。在市场方面，当地乡政府出面和采购方商议，以农业期货的形式进行统一交易，订单中应明确规定蚕丝的交易数量、质量和最低保护价(每单位18～20元)，并规定了双方相应的权利、义务，不能单方面毁约。这一举措大大提高了作为火马村支柱产业和主要扶贫手段的蚕桑养殖业规避市场动荡风险的能力，也大大降低了村民特别是贫困户扩大养殖规模时的后顾之忧。

在经营模式方面，当地针对不同家庭的实际经济情况，提出了两种模式及相对应的补贴政策。家庭条件稍好的桑农常采用第一种模式，即自出土地、自建厂房、自己经营，针对这部分个体户，政府提供每平方米220元的厂房补贴，定期请来农技所的专家教授养殖技术。经济条件较差的村民，特别是贫困户，常采用第二种模式，即加入农村合作社。加入合作社后由政府进行统一的土地分配，贫困户入股，并由政府资助其入股资金，合作社成员统一养殖，共担收益和风险。这一举措不仅大大提高了贫困户们的养殖热情，也解决了许多贫困户的就业问题。

虽然蚕桑养殖作为村里扶贫产业的重要力量，每年能为每户养殖户带来1万～2万元的收入，但不可能仅仅靠一个桑蚕养殖基地就实现脱贫的目标。建立这个基地的最初目的是解决贫困户的就业问题。村民可以选择自己独立养殖，也可以选择加入合作社，以入股的形式得到分红。但不管选择哪种形式，村民都可以享受到一定的优惠政策。

正是得益于政府推出的种种利民政策，村民的参与热情持续高涨，蚕桑养殖基地的规模连年增长。我们也深刻体会到，产业扶贫是致富的必由之路，只有发展产业才能激发村庄的活力。

(三) 户外大型建设现场考察

多年来，各级干部和供电所对火马村的电力建设颇费苦心。在输电设施的改造上，各级干部来村伊始就对全村输电线路进行了检查，实现了户户通电的目标。除此之外，以太阳能公共路灯为代表的一批公共电力设施极大地方便了村民的生活，提高了村民的生活体验。政府资助的光伏发电机组每年发电量大概在10万千瓦时。村里在过去几年中已经陆续帮助20户贫困户建设了屋顶光伏电站，这些措施除满足村民的日常供电需求外，还能卖掉多余的电，每年可创收约7万元，该笔资金也被投入扶贫专用，提高村集体收入。

此外，政府为了建设高标准农田，迁坟800余座，用推土机修平了土地，将农田连成一块，以便于大规模机械化作业，大大提高了耕作效率，增加了农作物的产量和村民的收入。

（四）扶贫干部采访

在团队与扶贫干部的谈话中，团队成员对村子的发展有了更深刻细致的认识，为之后调研重心的调整和成果报告的梳理起到了重要作用。我们在访谈中了解到的火马村相关扶贫政策主要如下。

在种地补贴方面，当地政府为种植粮食和油料作物的村民免费供应种子以及部分肥料，并按面积提供每亩地100元的专项补贴，实现了“多种多补贴”，解决了农民基本生活所需。

在农技和职业培训方面，村里定期开展农技知识技能培训，请来县里的专业人员手把手包教包会，让村民应对各类自然灾害和病虫害时不再听天由命。同时，月嫂等职业培训也让失业下岗的村民有了再就业的能力与机会。定期开展农技知识培训也是之后在问卷调查中许多村民反映的最满意的政策。

在基础建设方面，光伏发电站、污水和垃圾处理厂、危房改造重建，这些曾经定下的目标早已实现。光伏发电站由经过技能培训的村民管理，年发电量10万千瓦时，一年能够盈利约7万元，这笔资金在全村脱贫之前将有80%用于定向帮扶贫困户，脱贫之后全部资金归集体经济所有，用于购入生产资料；污水处理实现“户户通”，垃圾也有专门的垃圾中转站负责处理，每日定时定点由垃圾车运往镇上，环境好了，村民的生活幸福度自然也就提高了；村干部深知“安居”才能“乐业”的道理，扶贫资金在村子未“摘帽”前，主要投入到危房改造中，对无房户按每平方米500元的标准进行补贴，危房则重建。

在金融支持方面，由农村信用社牵头与农业银行签订贷款协议，向真正需要资金进行生产活动的每户村民发放低息贷款，满足条件的贫困户甚至能够申请免息贷款，而从事村里重点扶持的产业更是能得到利率低于市场平均水平四到五个点的低息贷款。金融的支持让更多的村民提前实现了生产效率和规模的双突破，而干部班子也敏锐地觉察到，随着当下金融支持农业发展的逐步深化与推进，如何依靠金融改革大力培育发展新型农业经营主体，促进小农户和现代农业发展有机衔接、培育农业农村发展新动能，正成为中国新的时代大背景下保障农民稳定增收、农产品有效供给、农业转型升级的重要课题，对于巩固拓展脱贫攻坚成果、助力乡村全面振兴和农业农村现代化具有重要作用。

文化建设方面，村委会注重发掘历史文化，保存了红五军指挥部旧址、彭德怀故居等珍贵的历史遗迹。村子里还设有图书角，其中电脑等硬件设施一应俱全，既可供村民阅读电子书籍，也方便了借阅和管理图书。

在基层创新与顶层设计方面，村里按姓氏建立小组，村干部负责管理小组长，小组长负责管理组员，组长均由村民推举选出，以德高望重为标准，既保证了政策高效地向下传递，也保证了实情及时地向上反馈。在党员干部服务中心，每日均有值班人员常驻，电话 24 小时开放，方便了身体不便和在外地的村民及时反映情况和表达意见。近年来，为了加强村民与集体的联系，村里更是建立了线上微信群，在群中发布消息通知并定期举办安全讲座。当谈到未来规划时，村干部们满怀信心，表示将坚定跟着“十四五”规划走，在全面脱贫的基础上，将人才引进、环境整治和进一步完善基础设施建设作为接下来的奋斗目标。

最后，我们在村支书的带领下查阅了本地贫困户的就业情况。资料显示，扶贫工作开展以来，火马村建档立卡的贫困户通过乡政府的帮扶基本已完成就业，其中省外务工就业 75 人，县内就业 40 人，本地就业 25 人。此外，乡政府每年开展贫困户新型职业农民培训和农业科技培训，其中 2016 年农技培训 30 人，2017 年水稻种植培训 15 人，2018 年防火员培训 2 人、蚕桑培训 15 人、月嫂培训 4 人，2019 年果蔬种植培训 13 人，可谓收效显著。

(五) 问卷调查

团队从调研目标出发，结合调研见闻，制作了面向火马村全体成年公民的调查问卷，共计回收有效问卷 40 份。

经过数据整理，我们得出了以下有价值的信息。

采访对象中男女占比分别为 55%和 45%，绝大多数受访者的职业为农民，少数为个体户和公务员，受访者的年龄分布主要集中在 31～60 周岁，这正与村委会提供的有关资料数据接近。

家庭收入方面，劳动力人均月收入为 2777.5 元，务农养殖、经商和打工带来的收入占到了 85%。从事不同行业带给收入的影响较大，例如务农的村民平均月收入均在 1500 元以下，而外出打工与经商人员的平均月收入则较高，普遍分布在 1600～4500 元，且人员年龄多为 31～50 岁。另外，数据显示，当地近八成的村民并不反对家人去周边城市工作，多数人对此持赞同意见。这表明尽管在全面脱贫、乡村振兴的大背景下，乡村经济得以复苏，条件得以改善，但对没有经商条件的青壮年群体而言，留在家务农仍缺乏足够的吸引力，去往周边城市打工在收入上有着明显优势。这也说明，乡村经济的“底盘”，还是要靠产业支撑，要在镇上发展工业、村里发展农业，通过两相结合带来发展空间，并且出台政策积极吸纳人才，如此方能破解乡村“缺人”的困境。

在职业选择上，政府机关干部、公务员受到了半数以上村民的认可，通过采访部分村民，我们也清楚了其中缘由：公职人员工作体面、福利待遇好，有着一定的权力和地位，且在经济尚不发达的地区，公务员的薪资相对较高。这反映出在广大朴实的百姓心中，理想的生活其实并不需要多么精彩纷呈，衣食无忧、怡然自乐，便是幸福美满。这也是我们广大党员干部辛勤奋斗在扶贫一线的最终目的。

在有关如何调动生产积极性方面，村民普遍认为有效的方式有积极组织各类生产培训、促使村民成为投资主体、充分挖掘村民能力（如在生产管理、非遗制作、手工艺、旅游服务等方面的能力）。村民们认为以上方式有助于达到唤起村民主体责任意识的目的。

在财政补贴上，村民反映当下还需持续发力的地方主要有农业养殖业（45％）、就业保障（55％）、困难户援助（65％）、医疗养老保险（67.5％）、基础设施与环境整治（92.5％），我们也将村民意见反映给了村干部。

对于当下存在问题的意见反馈，主要集中在环境卫生、交通出行、农业生产、基础设施建设和就业保障等方面。具体而言，在环境卫生方面，村民反映村里环境仍有改善的空间，自来水供应有时存在问题；在交通出行方面，腿脚不便的老年人出行存在一定困难，夜里走路存在安全隐患，希望可以在部分道路加装路灯；在农业生产方面，希望兴修水利工程以满足农田灌溉的需要，农业补助额度也希望能够进一步提高；在基础设施建设方面，希望能修缮沥青路面、水渠水塘，以及改进村镇间的道路，加大危房改造的推进力度，增加一些便民设施，如快递站点；在就业保障方面，有村民提出希望能够就近进厂打工补贴家用，如此就不用一辈子在外地打工，又方便照顾家里的老人和孩子，另外，也有村民希望可以为下岗职工提供一些就业岗位。

四、结论与建议

（一）火马村脱贫事业发展经验与优势总结

1. 传承优良红色精神，汲取先辈奋斗基因

全村上下吃苦耐劳、真抓实干，忠诚于党的伟大事业，为追求美好生活而不懈奋斗。

2. 重视领导班子建设，营造齐抓共管氛围

火马村自扶贫事业开展之初，就强调组织领导的重要性，重视发挥党员模范作用。相关措施主要有三点。一是成立扶贫领导小组，加强对全村扶贫工作的组织领导。同时，火马村每个小组都配有扶贫书记，这就细化了扶贫任务，将责任落实到乡镇和帮扶部门。二是通过重点突破，示范建设，圆满完成了“整村推进”贫困村建设任务。三是切实加强贫困地区农村基层组织建设，启动贫困

村干部培训工程，不断增强领导班子的整体战斗力和扶贫开发能力。

3. 以基础设施建设为重点，大力改善贫困地区生产生活条件

村政府以火马村道路、饮水、通电、贫困户住房改造等工程建设为重点，帮助贫困群众解决“行路难、饮水难、用电难、生存难”等实际问题，提高了村民响应和拥护政策的积极性。

4. 坚持以产业培育为支撑，着力解决贫困村民增收问题

将蚕桑养殖、金丝皇菊、水力发电、光伏发电等特色经济产业作为优势产业，实行片区开发，综合布局，显著提高了村民们的收益。

5. 发挥地区优势，战略因地制宜，积极致力于环境改善以及旅游资源开发

火马村除自身自然条件优越之外，还有着红色老区的悠久历史和浓郁的红色基因。可以想象，当旅游区正式划定后，当地的旅游业必然成为新的动力引擎，极大地带动地区经济的发展。

6. 火马村坚持以提高贫困群众基本素质为根本，大力推进教育扶贫政策，帮助孩子们走出大山

“扶贫必扶智”，一校一村的对点帮扶模式，使得火马村的教育扶贫进入了快车道。

（二）对红色老区扶贫事业的建议

结合火马村以往发展经验，团队对处于相似处境下的其他红色老区的扶贫事业提出如下建议。

1. 发挥自身红色文化优势，发展红色旅游业

有了红色基因，便有了发展旅游业的基础。红色老区可以借爱国主义教育专题拓宽宣传渠道，充分开发红色旅游资源，完善各项旅游配套服务设施，丰富旅游产品类型，从而带动各项产业协同发展。

2. 坚持因地制宜、因村施策

因地制宜的好处是显而易见的。火马村大力发展的蚕桑业和金丝皇菊产业规避了村落地理条件的限制，取得了显著成效。其他贫困村在扶贫工作中也

应遵循因地制宜的原则，发展产业时应注意避开自身的短板。

3. 寻求与其他村落合作

火马村和附近众多村落通过不断的尝试摸索，共同打造出了一条以桑蚕养殖业为核心的完整产业链，有着极强的抗风险能力，充分发挥了产业集群的优势。针对扶贫工作面临的困难，处于相似境遇下的其他村落可以积极寻求合作，借鉴火马村打造产业集群的模式，提高各村自身的抗风险能力。

4. 大胆尝试与其他单位扶贫对接的可能

火马村充分发挥一校一村扶贫对接模式的优势，立足学校特长，加大教育扶贫力度，普及职业技能培训。各村落可借鉴火马村一校一村模式取得的成效，在扶贫模式上探索更多的可能。

5. 狠抓农村基础配套设施建设

火马村对基础配套设施的建设极大改善了居民的生活水平，对于提高村民响应和拥护政策的积极性，以及政府工作的顺利开展有极大帮助。各村应根据自身实际情况，推进基础设施建设，让群众切身体会到扶贫工作带来的好处。

数字农业的应用现状与效益分析

——基于安徽省明光市的调查

高轩然　王天瑞　郑云荟　蒋翠梅　宋皓明　石雨馨

胡凯歌　叶文旭　魏熙　向根本　娄一鸣①

一、调查实践的背景、目的及意义

(一) 实践背景(pest 分析)

1. 政治(politics)

国家一系列关于农业农村的发展规划都明确了新时期农业数字化在促进我国农业农村高质量发展中的地位,明确了农业数字经济发展的重要性。

2. 经济(economy)

我们党和国家高度重视发展数字经济,"十四五"规划《纲要》将数字经济独立成篇,描绘了未来 5 年数字中国建设的崭新蓝图。

3. 社会(society)

发展数字农业,推动农业大数据资源汇聚及农业大数据技术应用,可以提高农民素质和农业经营效率,优化乡村生产生活生态环境,提升乡村综合治理能力,从而助推乡村振兴战略的实施。

4. 科技(technology)

数字农业是在农业信息化的基础上,强调新一代信息技术在农业产业链各

---

① 高轩然、石雨馨为华中科技大学经济学创新实验班 2019 级本科生,王天瑞、郑云荟为华中科技大学国际商务专业 2019 级本科生,蒋翠梅、向根本为华中科技大学金融专业 2019 级本科生,宋皓明、胡凯歌、叶文旭、魏熙为华中科技大学经济学专业 2019 级本科生,娄一鸣为华中科技大学电气工程与自动化专业 2019 级本科生。

环节的本质作用，代表了农业产业的新图景。

（二）实践目的及意义

1. 个体层面

对实践团队成员而言，本次实践使得团队成员初步熟悉了调研的方法与技巧，锻炼了独立发现问题并解决问题的能力。而对实践活动的受调研方而言，本次社会实践更加全面地刻画了明光市数字农业的发展现状与前景，将其取得的历史成绩更加明确地展现出来。

2. 社会层面

在本次暑期实践活动中，实践团队成员充分发挥专业学科优势，利用经济学思维与分析能力对明光市数字农业发展的效益与困境展开了细致的剖析，既肯定了明光市数字农业发展所带来的广泛社会效益，并从中提炼出具有一定普适性的发展经验，又指出了明光市数字农业发展的部分不足之处，并结合具体情况，创造性地提出了初步的解决方案。

3. 政府政策层面

实践团队所取得的成果，不仅为各地相关政策的制定提供了直观的参照，还以数字农业在中国一角的发展揭示了其在全国范围内可能展现出的风貌，是积极响应国家号召，为政府政策的制定出谋划策，争做负责任、有担当的华中大青年的积极表现。

二、调查实践的内容与方法

（一）实践方法

实践方法有文献分析法、观察法、访谈法等。

（二）实践内容

借助本次暑期社会实践的机会，实践团队总结了以“测土配方”技术和“明光智农”为代表的明光市数字农业发展的经验教训，并根据收集整理得到的资料、数据做了定性、定量的分析。在分析中，团队成员系统性地描述了明光市数字农业发展模式，为这一模式的完善提出了意见和建议，并进一步考察了这一模式的推广力度及普及性。

三、调查实践的结果与分析

（一）明光市农业基本数据

明光市粮食总产量约占滁州市粮食总产量的 15%，而其耕地面积约占滁州市耕地面积的 14.3%，可见明光市的粮食亩产量高于滁州市平均水平。比较明光市与滁州市近几年的粮食总产量，发现其趋势较一致，明光市的波动小于滁州市的波动。相关信息如图 1 所示。

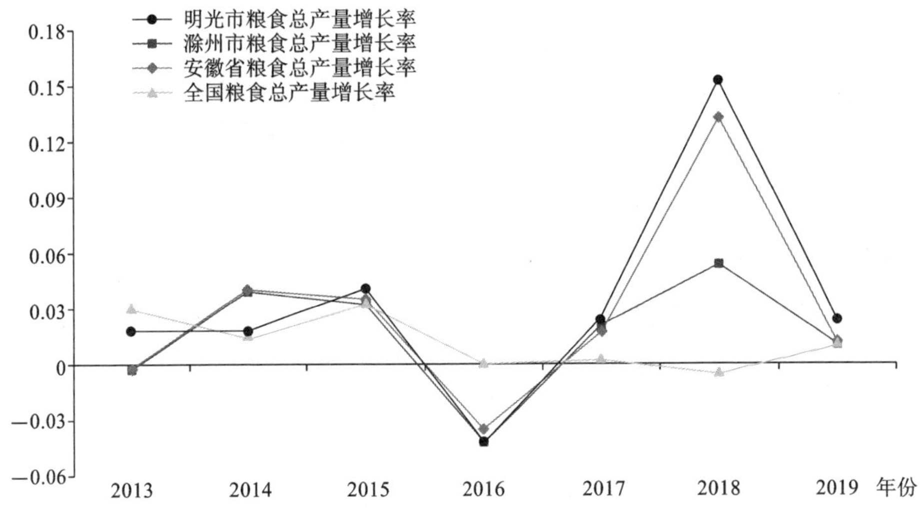

图 1　明光、滁州、安徽及全国近年粮食总产量增长率

对比明光市与滁州市、安徽省、全国的粮食总产量增长率，可发现全国粮食增长率较稳定，但后劲略显不足，其中 2016—2019 年的增长率皆处于 0 附近，2018 年甚至还出现了负增长。对于安徽省而言，其粮食增长率也较为稳定。而明光市与滁州市的增长率趋势较为一致，明光市的增长率在大部分年份位于滁州市之上，可见其在滁州市农业重镇的地位，这也得益于明光市的数字农业的发展。由上述数据可知，随着数字农业的发展，明光市粮食产量的增长前景较为喜人，数字农业的发展初见成效。

（二）明光市“测土配方”技术成果

测土配方技术是以土壤测试和肥料田间试验为基础，根据作物需肥规律、土壤供肥性能和肥料效应，在合理施用有机肥料的基础上，确定氮、磷、钾及中、微量元素等肥料的施用数量、施肥时期和施用方法。

明光市在建立测土配方施肥属性数据库和空间数据库的基础上，实现了测土配方施肥技术数字化，农民可直接应用触摸屏、电脑和手机查询测土配方施肥信息，不仅解决了“最后一公里”推广难的大问题，更提高了化肥的利用效率，减少了化肥的浪费。

2005 年，明光市实施了测土配方施肥项目；2007 年，明光市推广应用了测土配方施肥专家咨询系统。随着政府的推广，测土配方技术普及初见成效，至 2021 年，共采样土样近 1.5 万个，化验近 13.5 万项次，建立了测土配方施肥示范基地 10 个，县乡村三级示范区片 166 个，完成各类田间试验近 350 个。

由图 2 可见，从 2014 年开始，明光市每亩农田化肥使用量逐年减少，据统计，全市应用测土配方施肥面积 180.5 万亩，每年每亩减少不合理用肥 5 元，每年节肥成本 900 余万元，总节本增效 6859 万元。

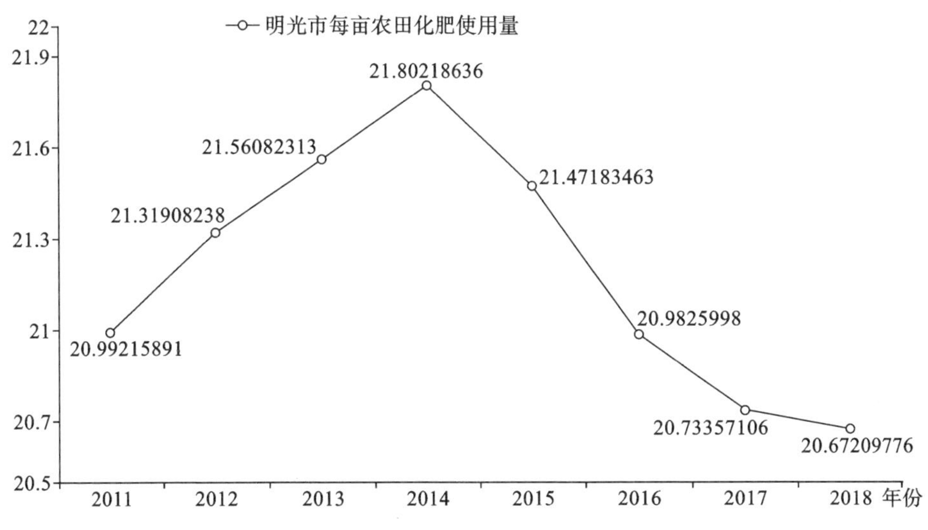

图 2　明光市近年每亩农田化肥使用量

（数据来源：明光市统计公报）

明光市测土配方技术的普及也初见成效，其覆盖了 17 个乡镇 100 个行政村，共为 15 万农户提供了农业技术服务。

（三）明光市电商产业发展成果

电子商务位于数字农业产业链的下游环节，是数字农业不可或缺的重要组成部分。明光市委市政府高度重视农业农村电子商务工作，2019 年即出台了《明光市促进电子商务发展扶持政策》，扶持、壮大电商产业，同时开展“线上＋线下”电商培训，通过职业技能培训，促进就业创业。2021 年明光市前两个季度农产品网上交易额 6.59 亿元，同比增长 20％。

1. 电商＋艾草

明光市位于北纬33°区域，在北回归线附近，当地气候、地形和土壤非常适合艾草的生长，明光艾草也有着悠久的历史和丰富的文化底蕴，这给予了明光市发展艾草产业的基础。明光市委市政府对艾草产业非常重视，出台了《明光市艾草产业发展奖励扶持办法》，明光艾草的种植不仅促进了经济发展，更带动了越来越多的农户脱贫致富。涧溪镇艾缘农业科技有限公司采取“电商企业＋农户＋基地”模式引导农户，共带动88户农民种植艾草，其中带动贫困户就业24人。涧溪镇电商公共服务中心由航元生物科技有限公司运营，该公司是一家集研发、制造、营销于一体的现代化科技公司，年销售艾绒300吨、艾条500吨、艾饼700吨及其他一系列艾制品若干，年产值达2000万元。“电商＋艾草”模式进一步推动了乡村振兴。

2. 电商＋X

明光市积极促进电商与特色产品的结合，将实施农业品牌提升行动纳入效能考核中，2021年发展优质水稻70万亩，优质小麦67万亩，积极打造畜禽和水产品品牌，选取艾草、明光绿豆、甜叶菊、梅鱼、螃蟹等作为主抓品种，创建特色农产品优势区。同时设立电商红色孵化中心，培养孵化电商企业，为当地人普及电商知识，并为农户提供农产品的设计、包装、展示与直播环境支持。

四、结论与建议

总体来说，当前明光市数字农业的建设和应用状况较好，数字农业基础设施建设基本完善，普及率高，能够切实使农户得到便利和经济收益，可以对农业生产进行监测和指导。同时，数字农业配套的线上与线下平台使得农户能够较为方便地获取农业生产所需的信息资源，电商平台和精加工企业的存在扩展了农产品的销售渠道，提高了利润率。

但是，尽管明光市数字农业建设起步较早，其现实进度仍然处于前期建设的“输血”阶段。由于相关基础设施建设的前期投入较大，在一段时间内，前期投入产生的成本还是要大于传统农业产生的劳动力成本，这是非常现实的问题。据相关负责人和领导介绍，这些基础设施建设的资金仍主要来源于政府资助、上级单位拨款或是向外寻找的资金投入。政府还是应当充分评估现有建设的发展前景和预期发展市场，在资金流不稳定的状态之下，除了尽可能寻找或发展稳定资金流外，一切投资运营还需要做好可持续、可更新的准备。一方面，无论是农业物联网还是电商平台，都需要进行持续的维护和运营，否则容易产生“一地鸡毛”的乱象。另一方面，要考虑到技术的发展往往会超乎人们的想象，现有技术投资要“面向未来”。不仅要考虑到其现实的便利性，还要考虑到当新的技术产生或是有更好的资源引进的时候，现有基础设施的可移植性。农业改革当然不仅是阶段性的跨越，还要是持续性地爬坡。

为了进一步发掘数字农业的应用前景，一方面要使数字农业能够为农户带来更大的便利和收益，另一方面要使数字农业的建设由“输血”形式向农业生产盈利反哺数字农业建设的“造血”形式过渡。从现有的农村发展经验来看，电商推广已然成了产品推销的一大利器。若想要开拓进一步的市场，许多社交平台和自媒体也可以成为有利的推广介质。处理好信息传播问题的同时，实现农产品本身的质量升级也尤为可贵。自身进一步发展完整产业链，或是与其他产业形成联动，都是不错的发掘农产品潜在价值的方式。

在和明光农业科技推广中心的领导和技术人员的交流中，我们了解到，数字农业的进一步建设需要农业信息方面的人才支持，但是由于待遇、工作环境等方面的问题，相关领域很难吸引到人才。并且，明光农业科技推广中心的领导表示，数字农业发展所需的人才并非单纯的计算机、电子信息领域的人才。数字农业实质上并不是以智能化技术代替人，而是仍然以人的智慧和决策为核心，智能化、自动化和信息化的技术仅仅是实现手段。因此数字农业发展所需要的人才应该具备相当扎实的农学、地质科学等方面的知识，同时兼具计算机相关技能。而这样的人才更是极度稀少。

技术人才的短缺无疑会成为制约未来数字农业建设的重要因素之一，这个问题单靠基层自身难以解决，需要当地政府乃至国家进行支持和帮助，吸引更多人才参与到数字农业的建设中，只有这样才能使数字农业获得更好的发展。待遇和工作环境是影响人才择业的主要因素。除了在大学生中提倡扎根基层、敬业奉献的精神以外，更应该发布相关的政策来鼓励应届生人才扎根基层，例如在理工领域建立类似于“选调生”的相关制度，以稳定、有前途的待遇吸引名校的相关人才在基层落脚，帮助推进建设数字农业基础设施和完善数字农业相关平台的进程。政府应搭建平台，推动基层县市和高校之间的合作，在数字农业具体实行时产生的问题和高校的科研、实验课题之间建立联系，由高校帮助基层发展数字农业，这样既能实现理论的进步，也能推动实践的发展。如果能够在高校和数字农业实行主体之间建立长期且良性的合作关系，也能很大程度上解决数字农业发展过程中由于基层人才短缺问题而产生的技术问题。当然，数字农业不是简单的技术应用，而是在管理、科技、商业等多方面对于传统农业的全面改造，只有各方面、多层次持续发力，才能使数字农业真正走上正轨。

脱贫攻坚与乡村振兴衔接路径研究

——基于对湖北省大悟县的调查

李欣雨　林彦青　周佳佳　王安鹏[①]

一、调查实践的背景、目的及意义

脱贫攻坚与乡村振兴是我国为实现“两个一百年”奋斗目标而作出的重要战略部署。习近平总书记在决战决胜脱贫攻坚座谈会上指出，要接续推进全面脱贫与乡村振兴有效衔接。脱贫攻坚是乡村振兴的基础和前提，乡村振兴是脱贫攻坚的巩固和深化，两者既相互独立又紧密联系。

2020年我国已经实现脱贫攻坚的目标，现如今进入相对贫困治理阶段，接续推进全面脱贫与乡村振兴有效衔接成为我国贫困治理的重要方向和任务。研究大悟县巩固脱贫攻坚成果与乡村振兴的有效衔接路径，有助于我们进一步了解当地在脱贫攻坚和乡村振兴中所遇到的困难以及积累的宝贵经验，为其他地区提供借鉴和参考。我们还将运用所学，为当地的进一步发展建言献策。

二、调查实践的内容与方法

（一）实践内容

实践团队深入湖北省孝感市大悟县调研，了解大悟县脱贫攻坚成果以及与乡村振兴衔接路径的规划，探寻实践地如何巩固脱贫攻坚成果，总结其成功经验并就大悟县未来发展提出参考性意见。

（二）实践方法

1. 调查前期

调查前期，我们运用文献调查法，搜集和查阅相关资料和报道，提取有用的信

---

① 李欣雨、林彦青、周佳佳、王安鹏均为华中科技大学国际商务专业2019级本科生。

息后，选取湖北省孝感市大悟县为调查对象，初步了解调查对象的脱贫攻坚成果、当地如何巩固该成果以及相应的乡村振兴发展状况，为实地调查奠定基础。

2. 调查中期

调查中期，我们以问卷调查法、实地观察法和访问调查法为主，文献调查法为辅，对实践地如何巩固脱贫攻坚成果和当地乡村振兴状况开展调查。

3. 调查后期

调查后期，我们对前期调查所得到的资料和信息进行整理、分析和总结，通过定性分析和定量分析相结合来增强报告的可信度，运用 SWOT 模型来分析实践地发展的各种影响因素。

三、调查实践的结果与分析

（一）实践结果

1. 大悟县脱贫攻坚成果

总体来看，自从脱贫攻坚工作启动以来，大悟县取得了一定的成果。大悟县作为湖北省贫困县代表，先后经历了省级党委政府扶贫开发成效交叉考核、国家脱贫攻坚成效第三方评估、中央脱贫攻坚专项巡视、国家脱贫攻坚督察等 10 次国考。2015、2016、2017 年度，大悟县在全省贫困县扶贫开发工作成效考核中均获 B 等次，2018 年和 2019 年至 2020 年上半年考核中，大悟县在 92 个县（市、区）中分别排列第 2 位、第 7 位，均位于全省第一方阵。在 2020 年 4 月，湖北省政府正式批准大悟县退出贫困县。

具体来看，大悟县在此次脱贫攻坚战中取得了显著的成就。第一，大悟县脱贫攻坚目标任务如期完成：全县 34866 户 103878 名贫困人口全部脱贫，“两不愁、三保障”全面实现，89 个贫困村（包括 7 个深度贫困村）全部脱贫出列，顺利实现“县摘帽”，全县脱贫攻坚目标任务如期完成。第二，贫困群众收入水平显著提高：全县农村常住居民人均可支配收入由 2015 年的 8742 元增加到 2020 年的 12423 元，年均增长 7.28%；建档立卡贫困户人均可支配收入由 2855 元增加到 8685 元，年均增长 32.1%。第三，农村基础设施和公共服务明显改善：农村自来水集中供水率 90%以上，贫困村全部通硬化路，通动力电自然村覆盖率、4G 网络覆盖率达 100%，薄弱学校全面改造，农村危房全面消除，具备条件的建制村都建有卫生室，义务教育、基本医疗、住房安全和饮水安全均有保障。第四，村级发展能力明显增强：大力推进产业扶贫、就业扶贫、光伏扶贫、电商扶贫、旅游扶贫、生态扶贫，培育新型农业经营主体 1129 个、农民专业合作社 1421 家，绿油茶等主导产业不断壮大，贫困村发展后劲明显增强，贫困群众增收渠道明显增多。第五，村级治理能力显著提升：深入开展抓党建促脱贫攻坚，选派 273 支工作队、6596 名干部开展驻村结对帮扶，农村基层党组织不断夯实，乡村治理现代化水平不断提升。扎实推进农村人居环境整治三年行动，全力消除“眼球贫困”。推动扫黑除恶专项斗争，农村居民安全感、幸福感显著提升。

总而言之，大悟县的脱贫攻坚卓有成效，既保证了脱贫攻坚目标如期完成，又使贫困群众的收入、基础设施和公共设施以及农村发展和治理等方面得到显著的改善。

2. 大悟县乡村振兴有效衔接工作进展

目前，大悟县巩固脱贫攻坚成果的工作正在稳步进行，由县乡村振兴局、县农办、县农业农村局等部门共同负责，分工协作。根据国家、省市指导意见研究实施方案，由县政府常委会通过实施方案，不断健全完善防止返贫监测帮扶机制。派遣省、市两级驻村工作队，对两类人群（即脱贫不稳定户、边缘易致贫户）开展常态化监测，持续跟踪群众收入变化和“两不愁三保障”巩固情况，发现问题及时帮扶。驻村工作干部同时会向群众介绍脱贫攻坚先进人物事迹，鼓励学先进、争先进，开展评选脱贫标兵活动来激发脱贫热情，达到扶志的效果。

2020 年新冠疫情期间，大悟县共有确诊患者 311 人，同时存在大量因为长期封闭，外出就业受阻，居家导致失业的人员。针对这种情况，大悟县政府通过各村的摸排，确定了精准的困难人员名单，给予了生活补贴、交通补贴等，并帮助他们联系工作岗位，防止因疫返贫。

实践团队成员通过走访得知，发展产业一直以来都是大悟县的难题。大悟县的支柱产业是种植业，但是大悟县位于大别山区，全县属亚热带季风性气候，气象、地质灾害多发，生态较为脆弱。又因为整体发展较为落后，当地农业抵御自然风险的能力很低。迄今为止，大悟县的产业发展尚在起步阶段，没有形成完善的产业体系，现有产业多为分散经营，规模较小。2021 年，大悟县明确列出了几条特色产业发展目标：茶产业、红色旅游业等。为了发展产业，大悟县制定了产业发展指导员制度，提供技术和管理的指导和帮扶，并且开展扶贫项目库建设，扩大产业项目的奖补范围。下面以大悟县茶产业和红色旅游业为例分别进行介绍。

大悟县是全省重要的茶叶产区之一，茶产品主要是油茶和绿茶，茶叶产值的 99%以上来自春茶，夏茶和秋茶则无人采摘。当前，大悟县茶产业的主要发展思路之一是通过招商引资，培育龙头企业，推进种植技术改良，由此提高茶叶亩产量，实现茶叶三季可收。制茶车间的卫生标准的处理，可在实现消毒的同时最大程度保留叶绿素，保障茶叶的质量，以便将茶叶销售进高档茶叶市场，目前，每公斤茶叶的利润在六千元左右。高利润激励了越来越多的茶农加入生产，形式包括单干、合伙、带资入股等。进而，大悟县的很多镇成立了茶叶种植合作社，由镇政府对茶农以种植的亩数为单位给予补贴。除销售茶叶外，大悟县还致力于做好"茶景"，修建了特色茶产业公园，并择机举办茶文化体验节，以推动旅游业发展。

大悟县还是一个具有丰富红色旅游资源的地方。例如大悟县宣化店镇曾诞生了16位将军，留下了很多老一辈无产阶级革命家的光辉足迹。宣化店镇中原突围纪念馆包括中原军区旧址群、中原突围史陈列馆和国防教育园。其中中原军区旧址包括中原军区司令部旧址、首长旧居、中央军区大会场和周恩来同志与美蒋代表谈判旧址。目前，中原突围纪念馆已获得全国重点文物保护单位、全国爱国主义教育示范基地、国家4A级景区、全国百个红色旅游经典景区等多项荣誉，每年接待游客50万人次，拉动收入增长超过百万元。茶产业和红色旅游产业的有机结合让大悟县走出了一条"红""绿"融合发展道路。

为了稳岗就业，大悟县开展了劳动技能培训，如驾驶员、面点师、家政培训以及养殖培训，来促使更多人在县内就业以及提高劳务输出的质量，实现造血扶贫。同时，当地分别在卫生保健、生态福林、光伏产业等领域创设了公益性岗位6500多个，以解决脱贫不稳定户持续增收问题，同时实现扶贫资产的及时管护。

在持续推进易地扶贫搬迁后续扶持方面，大悟县共有283个集中安置点，共迁出贫困人口八千多户，一万七千多人。后续扶持的重点就是确保每个有劳动能力的搬迁户至少有一个稳定增收项目，确保搬迁群众实现稳定就业并逐步致富。目前，大悟县集中安置点基础设施正在逐步完善，能够满足居民教育、医疗的基本需求，居民满意程度较高。

为实现应保尽保、应兜尽兜，除困难群众生活补贴外，大悟县还将教育和医疗作为兜底工作的重要板块。在教育上，当地落实控辍保学，不让一个孩子失学；实施教育资助政策，对贫困生按标准给予补助；开展职业教育计划，培养学生谋生的技能。在医疗上，当地采取"985"制度，即在大悟县内就医，住院报销比例为90%，在大悟县外、湖北省内就医的患者，住院报销比例80%以上，每人每年度医疗自费部分控制在5000元以内。

(二) 实践结果分析

1. 内部环境

1) S (strengths)优势

第一，位于武汉半小时经济圈内，受武汉辐射影响，便于获得武汉的支持。

第二，自然资源丰富，农业基础较好，先后获评中国乌桕之乡、板栗之乡、名茶之乡、国家经济林建设示范县、国家绿色食品花生标准化示范区和全国油茶重点县。

第三，旅游资源丰富，大悟县是全国著名的革命老区，十大将军县之一。

第四，后发优势丰厚，作为脱贫不久的县城，发展成本低。

2）W(weaknesses)劣势

第一，受气候影响，多旱涝灾害。

第二，缺少龙头企业和品牌效应，无论是大悟县的养殖业、茶产业还是旅游业都缺乏龙头企业引领，知名度较低。

第三，教育水平较低，人才外流严重。

第四，大悟县内各城镇交通不便，影响了城镇产业形成集群。

第五，产业基础薄弱，缺少技术和资金。

2. 外部环境

1）O(opportunities)机会

第一，国家政策的大力扶持。党的十九届五中全会和 2021 年全国两会明确提出“实现巩固拓展脱贫攻坚成果同乡村振兴有效衔接”，在“十四五”时期持续巩固拓展脱贫攻坚成果，全面推进乡村振兴，在“三农”工作占据关键位置。

第二，乡村振兴面临新形势。当前，乡村普遍存在的“四难”问题已成为历史，全面小康的实现激发了农民的积极性，城市居民则面临“城市病”的困扰，农村的现代化建设成为必然要求。

2）T(threats)威胁

第一，疫情因素。自 2020 年疫情暴发后市场遇冷，影响经济稳定发展。

第二，城镇同质化竞争。近年来，随着乡村振兴推进，各地都在谋求自身发展，区域内对市场和资源的竞争加剧。

3. SO 战略(机会、优势组合)

充分利用政策及形势带来的机遇，有效利用与开发当地自然资源及旅游资源。发挥农业基础优势，推进支柱产业持续提升质量、扩大规模、提高知名度及影响力；进一步推进文化旅游、乡村旅游与红色旅游相结合，完善游客接待及交通运输等配套设施体系建设。

充分利用“武汉城市圈”优势，高效利用省会城市资源，推进各类资源多方位、多渠道利用。

4. WO 战略(机会、劣势组合)

得益于国家对基础设施建设的大力支持,孝感北站落地大悟县,如今武汉至大悟县高铁车程在半小时之内。同时,由大悟县城至各乡镇公路也在逐步完善。届时,大悟县地理位置偏僻、交通不便的问题即可得到解决,当地的旅游、农工商业都会得到更好的发展。

国家始终大力推进向农村山区等贫困地区输送人才,加强基础教育的工作,促进当地产业发展,助力乡村振兴。大悟县也应致力于人才引进,发展基础教育,做好先进思想的宣传工作,激发内生动力,为未来奠基。

大悟县还应致力于逐步壮大特色产业,进行板块提档升级,促进居民增收,推进稳岗就业、就近就业,并对当地人进行劳动力技能培训,以提高脱贫人口自主发展能力。

5. ST 战略(威胁、优势组合)

面临城镇同质化竞争,大悟县应在巩固自身发展的同时,突出特色产业如乌桕、板栗与名茶的特殊地位,将红色旅游资源作为本地发展"名片"。总之,要寻找自身特色,明确自身定位。

针对疫情带来的经济威胁,应加强返贫检测和帮扶,深入跟踪困难户,及时发现问题,及时进行帮扶。

6. WT 战略(威胁、劣势组合)

针对城镇同质化竞争及品牌效应薄弱的威胁,在疫情及气象灾害等多重负面因素的影响下,大悟县应以提升品质为中心,将提高知名度及影响力作为抓手,寻找自身特色,明确自身定位。

四、结论与建议

(一) 结论

自脱贫攻坚战打响以来,大悟县委、县政府高度重视脱贫攻坚工作,坚持以脱贫攻坚统揽全县工作大局,始终把打赢脱贫攻坚战作为重大政治任务摆在最突出位置,下足绣花功夫,采取超常规举措,狠抓责任落实、政策落实、工作落实,取得了决定性成就。2020 年 4 月,湖北省政府正式批准大悟县退出贫困县。2020 年以来,大悟县继续深入学习贯彻习近平总书记在中央决战决胜脱贫攻坚座谈会上的重要讲话精神和中央、省、市脱贫攻坚决策部署,严格落实"一摘四不摘”要求，始终保持攻坚态势，努力克服疫情灾情影响，全力打赢打好脱贫攻坚收官战。大悟县下一步将严格落实“四个不摘”要求，保持现有帮扶政策、资金支持、帮扶力量总体稳定，持续巩固与夯实脱贫攻坚成果，加强全面脱贫与乡村振兴有效衔接，推动大悟县乡村全面振兴。目前大悟县整体贫困已经得到解决，但距离乡村振兴目标的最终实现仍有一段距离，目前仍然存在着许多亟待解决的问题，如劳动力流失严重和乡村人才缺乏，扶贫产业缺乏可持续发展等。对此，要立足新起点，锚定目标再出发，全县上下要保持清醒头脑，认清形势任务，具体问题具体分析，有效解决现存问题，切实增强巩固拓展脱贫攻坚成果同乡村振兴有效衔接的责任感和紧迫感。要像抓脱贫攻坚一样抓乡村振兴，推进巩固拓展脱贫攻坚成果同乡村振兴有效衔接，在新的起点上谱写乡村振兴新篇章。

（二）建议

(1) 从总体层面来看，首先是要因地制宜、突出特色。大悟县地处大别山与桐柏山的相接地带，有着群山怀抱，丘陵起伏的地势，可以以此为依托发展茶业等优势明显、特色鲜明的乡村产业。二是要以市场为导向，加大政府支持。大悟县在成功脱贫后应发挥市场在资源配置中的决定性作用，以市场为导向，再利用政府的宏观调控，促使脱贫攻坚成果同乡村振兴有效衔接。三是要互助发展、联农带贫。培育壮大新型经营主体，进一步完善联农带贫机制，大力推广订单生产、就地务工、股份合作等带贫模式，让更多农户分享产业发展收益。四是要绿色先行、创新驱动。乡村振兴应坚持绿色发展，形成节约资源和保护环境的空间格局、产业结构、生产方式、生活方式，推动科技、业态和模式创新，提高乡村产业收益。

(2) 从具体层面来看，一是要坚持以农民为主体。大悟县要从巩固脱贫攻坚成果到有效实现乡村振兴，必须把农民放在首位，让农民既成为乡村振兴的主要动力，又是主要受益人。二是要以市场为导向。在设计产品时要根据自身特色，紧跟市场潮流，促进乡村振兴产品更好地走出去。三是要以规划为引领，落实好大悟县出台的巩固拓展脱贫攻坚成果同乡村振兴有效衔接的实施方案，有计划、有目标地开展乡村振兴工作。四是要加强当地就业。就业是民生之本，要使巩固脱贫攻坚成果同乡村振兴有效衔接就必须要稳就业，要坚持减负、稳岗、扩就业并举，强化政策供给，促进当地人民当地就业，保障其基本生活，以减少劳动力流失。五是要以种植业为主、养殖业为辅。大悟县拥有群山怀抱，丘陵起伏的地势，可以由此发展茶业、药材种植等特色产业，还可以发展当地较有特色的生猪产业，几种产业共同发展，促进人民创收。六是要以科技为支撑。科学技术是第一生产力，乡村振兴的实现要以科技为支撑，要加快农业科技创新，培养新型农民，解决农业方面存在的一系列技术问题，以增量提质创收。七是要整合和利用当地的旅游资源。大悟县具有很多红色旅游资源和十八潭等山水风光，可以充分发挥当地旅游资源优势，促进农旅融合，提高旅游业收益。八是要注重融合发展、创立自己的品牌，完善当地产业链，增加产品附加值。政府要制定有关政策吸引人才，提高自主创新能力，打造大悟两茶等名片，提高整体的乡村农业竞争力。

乡“治”多谋，共商村是：乡村治理下的协同治理新模式

——基于对广西壮族自治区玉林市“5A 幸福村”的考察

廖望淮　谭达晓　李炫良　黎盼盼①

一、调查实践的背景、目的及意义

（一）调查的背景

乡村治理，是中国社会治理的重要问题。七十年来，中国社会发生了巨大变革，乡村治理模式也随着社会变革而不断变动。中共中央办公厅、国务院办公厅于 2019 年印发了《关于加强和改进乡村治理的指导意见》，对构建乡村治理体系提出了具体目标，要求到 2020 年现代乡村治理的制度框架和政策体系基本形成，到 2035 年党组织领导的自治、法治、德治相结合的乡村治理体系更加完善。②

在这一工作方向的指导下，广西壮族自治区玉林市提出打造一批“5A 幸福村”。“5A 幸福村”指的是党建强村、发展兴村、法治建村、文明育村、平安美村五个方面，强调党建、发展、法治、文明、平安“五位一体”。

（二）实践目的及意义

本调查拟对玉林市仁东镇鹏垌村、新圩镇河村等村落所构建的“5A 幸福村”模式进行实地考察，探究“5A 幸福村”在当地推进乡村振兴战略、增强乡村自治能力的过程中发挥的作用。本调查的意义在于助力我国乡村基层综合治理工作的推进，以及探究乡村振兴中如何构建自治体系、发挥本土资源功能。

---

① 廖望淮为华中科技大学法学专业 2019 级本科生，其他作者为外校 2019 级本科生。

② 中共中央办公厅，国务院办公厅. 关于加强和改进乡村治理的指导意见[EB/OL]. [2022-06-23]. http://www.gov.cn/zhengce/2019-06/23/content_5402625.htm.

二、调查实践的内容与方法

（一）调查内容

本次实践着眼于玉林市“5A 幸福村”的建设，通过实地走访调研、访谈等方式了解“5A 幸福村”的建设情况，总结分析该模式的治理优势，并针对“5A 幸福村”的发展路线提出建议。

（二）调查方法

调查方法有实地调查法、文献调查法等。

三、调查实践的结果与分析

（一）鹏垌村

玉林市仁东镇鹏垌村是玉林市“5A 幸福村”示范村之一。在鹏垌村的调研当中，团队了解到，鹏垌村的“5A 幸福村”建设得到了上级政府部门的大力支持，政府为该村引入了地方企业，以助力乡村振兴。据受访者介绍，已有旅游公司对整个村落进行了整体性的规划布局。村民以土地和房屋入股，将村里的老房子出租给旅游公司，再由公司负责修复、开发成民宿和民俗体验店等，这样就将村庄打造成了乡村旅游景区。由于该村临近玉林城区，每到节假日都吸引着住在城市里的人们来到村里旅游观光。

除了开发旅游资源，旅游公司还对特色农业进行投资，根据一体化的规划在不同的片区发展种植、养殖等产业，并将特色农业体验融入乡村旅游当中，打造“生态农业＋旅游”的业态。

在旅游公司的整体性规划之下，鹏垌村村委不仅对鹏垌村的资源进行了开发，同时也带动了乡村道路、环境卫生的改善。我们在走访参观的过程中，可以很直观地感受到村里的道路很整洁，环境卫生也很不错。

除了特色农业之外，村中还有食品加工、服装制作等产业。据村委会干部介绍，目前村里在大力支持产业兴村，依托本村农业和劳动力发展集体经济。

在文化方面，在村规民约和“一约四会”机制的框架下，当地将自治、德治和法治结合在一起，并成立了民间志愿服务队伍和文明实践站。我们在村中走访参观时也发现村里有许多文化设施，包括文化书屋、村史馆、百姓大舞台等，关于优秀传统文化的宣传也随处可见。

鹏垌村的“5A幸福村”建设已经取得了不错的成绩，但在实地调研时，团队发现鹏垌村在建设发展的过程中，更多的是依靠政府和旅游公司的力量。相对于团队调研的另一个村落——河村来说，鹏垌村在调动本村村民积极性和挖掘自身内生动力方面仍有不足之处。

(二) 河村

北流市新圩镇河村是在玉林市提出争创“5A幸福村”口号后第一个积极响应的村落，也是玉林市首批争创“5A幸福村”的示范村之一。在访谈过程中，我们了解到，河村在党建、网格化管理和土地流转管理方面都取得了显著成效，已经成为全区乃至全国学习的榜样之一。

在党建方面，河村村委在推进“三清三拆”、清洁卫生、土地流转等工作时，注重发挥党组织和党员的示范带头作用，先由党员行动，身体力行，再动员本片区或周边其他人参与。村落环境整治工作在刚开始推行时曾遇到较大阻力，是年轻党员肯干敢吃苦的决心和行动让村民的观念发生了改变，逐渐主动配合大家的工作。除此之外，由党员负责，本村村民组成的理事会也充当了村民群体中的先锋队角色，负责帮助村委联系群众。

村内纠纷调解是河村法治建设的特色。河村整体上建立了一套完整的“矛盾纠纷不出村”调解工作流程。发现纠纷后，首先是村干部参与调解；若调解不成功，则邀请驻村的“三官一律”成员和村内乡贤参与调解；若依然调解不成功，再由镇政府、市司法局乃至市委政法委组织力量下村调解。2020年，河村统计的村内纠纷仅有15件，并且都实现了村干部和乡贤化解当事人纠纷，充分发挥了制度力量和村委会调解作用，真正做到了“矛盾纠纷不出村”。

种植业是河村经济发展的支柱产业。河村充分利用自身土地资源禀赋，以土地整治、集中流转为基础发展特色种植业。土地流转采取合作社成立乡建公司的模式，由乡建公司集中管理，村委、理事会村民参与经营，利用市里的支持，以奖代补，提高村民流转土地的积极性。对于特色农业，河村结合自身特点种植优质水稻、番石榴，也取得了一定成效。同时，我们还看到河村村委会设立了招工信息发布平台，为待业群众或农闲劳动力提供去处，拓宽创收途径。

在平安建设方面，河村通过与电信公司合作的方式，建立了覆盖全村的摄像头网络，为村民生活安全提供保障。村民只需要在平时宽带费用的基础上增加少量费用，就可以满足摄像头的设立和维护所需，对村民自身来说，这也是可以接受的支出。

相较于鹏垌村，河村在建设“5A幸福村”的过程中较多发挥了自身积极性，以内生动力推进了村内各方面发展。

(三)“5A幸福村”与市域社会治理的关系

在完成了对上述两个村落的走访调研后,我们又对玉林市乡村振兴局与玉林市政法委的相关工作人员开展了访谈,由此对玉林市“5A幸福村”建设工作有了进一步的认识。在玉林市市域社会治理的整体方案中,“5A幸福村”与“5A幸福小区”是主要的建设内容,其中又以“5A幸福村”为重中之重。但在实践调研过程中,“5A幸福村”与市域社会治理的关系却一直困扰着我们——“5A幸福村”为何会成为玉林市市域社会治理的主要内容?要回答这一问题,就必须先明确何为“市域社会治理”。这一概念可分解为两个核心词:“市域”与“社会治理”。其中,“市域”作为一个地理概念,上承国家治理、省域治理,下接县域、社区等基层治理。此前的基层社会治理所关注的往往是县、乡、村等主体。“市域社会治理”的提出,将社会治理的主体由更下一级的基层提升至市级,所针对的不仅是传统社会治理问题与治理手段,其重点在于充分发挥市级治理优势,即一方面可以集中解决跨区域的重大社会风险与矛盾①,另一方面也可以推动各个部门、环节的协同运行,在市域层面协调处理利益冲突②。此外,还有学者提出,市域社会治理的重心在于城市治理,以城市治理为核心辐射行政区划全域,以适应城乡流动、传统乡村治理解体、城镇化不断加强的趋势。③

但回到本次实践中,玉林市域社会治理方案的着眼点却在乡村,旨在对乡村的整体治理能力进行提升。对此又如何解读?我们从玉林市乡村振兴局与玉林市政法委的相关工作人员处了解到,玉林市市域社会治理工作由玉林市政法委牵头负责,目前已经有了一份详细的工作计划。以“5A幸福村”为例,在工作计划中,玉林市政法委根据“5A幸福村”的相关工作目标将全市有关工作部门划分至不同的工作组,并安排具体工作。如法治方面工作组,就可能由政法委、司法局、法院、律协等共同组成,负责在玉林市的各个乡村中推进具有玉林特色的“三官一律”工作组与保障玉林市“一村一法律顾问”制度的落实等工作。在这里需要注意的是,各部门所开展的工作与其职能紧密相关,甚至就是这些部门的日常工作。如我们所采访的乡村振兴局,该部门在“5A幸福村”建设中负责与乡村发展相关的内容,具体工作即为其一直在开展的防止返贫与产业振兴工作。总而言之,在“5A幸福村”的建设工作中,玉林市政法委带领相关部门在示范村中帮助村两委开展工作,囊括发展、治安、文明文化、纠纷解决等多方

---

① 陶希东.市域社会治理:特征、内涵及体制创新路径[J].理论与现代化,2021(02):109-116.

② 黄新华,石术.从县域社会治理到市域社会治理——场域转换中治理重心和治理政策的转变[J].中共福建省委党校(福建行政学院)学报,2020(04):4-13.

③ 周巍.我国基层社会治理模式创新探索[J].广西社会科学,2020(10):66-70.

面内容,同时通过对村两委的指导与激励,调动示范村内各方主体的积极性,推进乡村自治。

从上述总结可以看出,玉林市在推进市域社会治理的落实方面,虽然具备很多学者总结的主要目标的各个方面——统筹规划、法治保障、共享共治、智慧治理[①],但在具体行动层面却与理论层面的论述存在差异:玉林市以乡村为着眼点,集中各部门力量,将资源集中于示范村,通过打造示范村模板来向其他村落推广。在此处,城市力量、市级行政力量主动进入乡村,通过发挥市级力量的优越性(如政策制定、资源分配等)提升乡村治理质量,引领乡村治理方向并为乡村治理提供充足的资源后盾。但市域社会治理毕竟属于整体性规划内容,其治理应当具有全域辐射的作用,这一点在玉林市又何以体现?如前文所述,在目前工作方案的思路中,决策者希望通过以点带面的方式实现推广。但问题在于,这样的推广方式能否起到应有的效果,是否会延长市域社会治理的推进时间,拉大乡村之间的差距,进而更不利于社会治理的整体推进?但可以肯定的是,市域社会治理的实施并不是单一样态的,正如玉林市在开展宣传时强调的那样,“玉林特色”和“5A 幸福村”建设在路径选择与实施上都有着自己的不同之处,尽管其实践效果如何仍然有待观察。

四、结论与建议

(一) 总结

根据对调研情况的分析,我们可以总结出如下两点。

(1) 市域治理与乡村振兴、“5A 幸福村”的关系:“市域”不仅局限于市区,其指代的区域和涵盖的范围超出语词本来的含义,乡村治理也是市域治理的重要组成部分。

(2) 市域治理在当前“5A 幸福村”建设中的运作模式为:市级行政力量主动进入乡村,引导乡村治理,形成示范村落,建立完善标准后在全区推广。

(二) 建议

目前无论是逐步摸索的鹏垌村,还是已经初具成效的河村,都仍然处在“争创‘5A 幸福村’”的过程中,这是一个进行时,而不是完成时。玉林市对良好乡村治理模式的探索一直没有停下。针对玉林市的“5A 幸福村”,在不同村落资源禀赋不一致的情况下,如何发挥示范村的示范作用呢?一种可能的路径是:

---

① 徐汉明.推进市域社会治理现代化的目标与行动选择[J].国家治理,2021(21):7-10.

在全市开展“5A 幸福村”建设，根据各个村落取得的成效，选出旅游发展型、特色农业发展型、乡村文化发展型等不同类型的示范村，并在全市推广其成功经验；其他村落则根据自身资源条件，选择与自己村落情况相近的示范村进行经验学习。总而言之，乡村振兴永远在路上。

乡村振兴背景下的基层治理与社会建设

——基于对重庆市七塘镇喜观村的调查

骆尧依晗①

一、调查实践的背景、目的及意义

党的十九大报告首次提出实施乡村振兴战略，强调“要坚持农业农村优先发展，按照产业兴旺、生态宜居、乡风文明、治理有效、生活富裕的总要求，建立健全城乡融合发展体制机制和政策体系，加快推进农业农村现代化”。党的十九届五中全会明确提出，要保障国家粮食安全，提高农业质量效益和竞争力，实施乡村建设行动；深化农村改革，实现巩固拓展脱贫攻坚成果同乡村振兴有效衔接。

乡村作为国家基层政权的“神经末梢”和最基本的治理单元，其治理现代化是国家治理体系和治理能力现代化的重要组成部分。乡村治理是否有效事关国家治理现代化的整体水平与质量，是国家有效治理的基石。故本次思政课社会实践以乡村振兴为纲，深入观察调查员家乡七塘镇喜观村基层村落的乡村治理和乡村建设，分析其变化原因。本次实践主题体现思想性、政治性，包含对国家、社会、个人的建设性思考。

二、调查实践的内容与方法

（一）调查内容

（1）喜观村脱贫攻坚工作开展情况。

（2）喜观村村容村貌多元化建设情况。

（3）喜观村在实施乡村振兴战略方面所采取的措施。

---

① 骆尧依晗为华中科技大学给排水科学与工程（卓越）班2019级本科生。

（二）调查方法

（1）实地调研：调查员实地考察所在村治理状况，如乡风文明、村落环境等。

（2）访谈法：调查村干部对所在村治理状况的评价。

（3）问卷法：调查村民对所在村治理状况的评价（采取问卷调查方式）。

三、调查实践的结果与分析

喜观村位于重庆市璧山区七塘镇蔬菜基地核心区，距七塘镇2.5公里，是七塘镇人居环境整治的重点示范村。2020年8月，在全重庆市开展的实用性村规划示范村评选中，七塘镇喜观村被评为重庆市首批实用性村规划示范村。

喜观村在乡村建设和治理方面取得了较好的成果。调查员通过实践走访调研总结出的多元化建设成果主要有以下几个方面。

（一）乡风整治

1. 党建引领，乡风治理

党建引领，乡风治理是乡村治理的突破口，更是乡村振兴的有力抓手。要解决群众思想和道德层面的问题，让乡风更文明，就必须充分发挥基层党组织的作用和广大群众的主体作用。喜观村注重党建引领促“蝶变”，从而铺就群众幸福路。农村留守的大多是年龄较大的村民，他们由于长期以来形成的生活习惯，在环境卫生、畜禽养殖等方面的观念转变较慢，参与人居环境整治的积极性不高。为此，该村从思想认识入手，组织辖区党员干部召开人居环境整治动员会、院坝会，发放宣传资料，成立院落调解尖刀连，真正做到小事不出院，大事不出村。通过讲政策、说道理、摆事实的方式，该村成功帮助群众转变了观念，增强了群众的主人翁意识，促使群众从“要我干”转变为“我要干”。

2. 农村雪亮工程，联防监控

喜观村的“雪亮工程”打通了群众安全感满意度的“最后一公里”。实施“雪亮工程”，是把治安防范措施进一步延伸到群众身边，发动社会力量和广大群众共同监看视频监控，筑牢治安防控的“篱笆”。“雪亮工程”不仅为群防群治注入新的内涵，使之焕发新的活力，而且能够增强群众对社会治安的认同感和主体责任感，有效解决群众安全感满意度“最后一公里”的问题。

3. 乡风文明，家族族谱，民礼民俗

近年来，在开展人居环境整治的同时，喜观村还以培育和践行社会主义核心价值观为根本，突出抓好农村乡风文明、人居环境和文化生活建设，全力推进文明村创建工作，让全村人居环境美起来、文化生活多起来、乡风民风淳起来。喜观村以推进精神文明建设为契机，从村民道德建设入手，打造特色家风教育“齐家喜观”，树立“家礼路”的标志牌，制定村规民约，设立家训馆、家风长廊、中华八德墙等文明展示设施，坚持开展争当“整洁文明户”“五好家庭”“好婆婆”“好媳妇”等系列活动，深挖身边典型事迹，发挥示范带动作用，形成良好的社会氛围。

4. 扶贫工作，志愿服务

喜观村的脱贫攻坚工作进展非常顺利，全村仅有四户贫困人家，并全部实现了脱贫。正是由于基础较好，喜观村才最先起步进行乡村建设。而在志愿服务方面，喜观村组织辖区党员志愿者开展人居环境整治志愿服务活动。活动中，党员志愿者们手拿扫帚、撮箕等工具，全面清扫了村居房前屋后的各类垃圾。同时，志愿者们还向村民发放了人居环境整治宣传单和垃圾分类倡议书，向群众讲解了垃圾分类知识，呼吁大家养成良好的卫生习惯，共建美丽宜居乡村。

(二)水网建设

1. 水网改造，水价治理

2019 年 6 月至 2020 年 12 月，喜观村用一年半的时间对原有的自来水老式管网进行了全方位改造，提高了排水能力。喜观村还成立了用水户协会，聘请了专业的水管员，配备了管网维修设施，形成了一整套完整的管水用水体系。村里设置的水管员会定期查收水表(以总表的 80%作为记录标准)，同时负责明晰各个管路的走向，当管道出现问题时，水管员应能在第一时间进行解决。

水价治理更是喜观村乡村治理的重要内容。在喜观村党总支的领导下，村支两委成员实行包干包片，党员社长包户，全村形成了齐抓共管的局面，彻底改变了以前经常出现的断水、漏水、跑水现象。2021 年 1 月起，全村百姓用上了放心便宜的自来水，为乡村振兴打开了新局面。

2. 污水排放集装箱(给排水专业相关)

七塘镇喜观村 1 组设有重庆市农业科学院研发建设的一套农村生活污水

处理一体化设备,该设备能够把农村分散的污水收集起来进行处理,变成再生水。其详细的污水处理流程如下:生活污水依次进入格栅井、调节池、厌氧池、兼氧池、好氧池、沉淀池并得到分步处理,最后再通过一旁的出水池,顺着管道流向农田。简单地讲,就是通过科学方法和工程手段将污水中对人体或自然环境有害的物质进行无害化处理,使之达到排放标准或回用标准并将其用于农田灌溉。

相关污水处理项目的实施给喜观村的生活带来了很大的改变。以往大量生活污水直接排到河里或者随雨水漫到田里,造成污水横流、各类蚊虫滋生,给生态环境带来不良影响。如今,农村生活污水得到有效处理,水清了,村美了,村民们也舒心了。农户室内生活污水的有效收集是污水处理的第一步,也是建设美丽乡村的重要一步。

3. 厕所革命

卫生厕所的改造也是乡村治理的重要内容。乡村需振兴,厕所要革命。根据市农村改水改厕工作总体部署,喜观村积极贯彻落实全区改水改厕工作要求,认真开展“喝卫生水,上卫生厕所,住卫生环境”的宣传活动,帮助村民树立卫生防范意识,发动依靠群众,因地制宜,分层分类推进相关工作。喜观村从2014年起陆续对全村1034户农户分期分批实施了卫生厕所改造,截至2021年已完成930户卫生厕所改造,全部达到普通卫生厕所标准,剩下100多户将在2022年9月前全部改造完毕。群众利益无小事,喜观村在成功改水的基础上扎实抓好农村改厕工作,为乡村治理扫清了障碍,为乡村振兴打好了基础。

(三)环境治理

1. 垃圾治理、废品回收

改善农村人居环境,建设美丽宜居乡村,是实施乡村振兴战略的一项重要任务。自农村人居环境整治行动启动以来,喜观村本着因地制宜、就地取材、整洁规范的原则,坚持按硬化、净化、绿化、亮化、美化的建设标准进行打造,从道路绿化、水域治理、垃圾处理、农厕改造、房屋美化等多个领域加强“脏乱差”整治工作。

当地的农药污染废品由村委按一斤6元的标准来收集,再由区农委统一调走进行处理。而生活废品回收方面,当地则实行积分超市的措施,即通过称量回收废品的重量授予群众相应的积分,群众凭积分可定期去超市内按“一分一元”的标准兑换日常生活用品。

2. 家禽圈养，村民自治

喜观村村落内建立了小型无害化处理系统，将以前的垃圾堆积点打造为小花园，为家禽建起了“独栋别墅”，全面推进农村生活垃圾治理工作。

经过讨论后，村支两委均同意从“村规民约”这个切入口着手，在制度层面上推进环境治理工作。原先的村规民约对环境保护规定得很笼统，没有一点针对性和可操作性。而经反复讨论后得到通过的新村规民约中则多了很多环保方面的具体规定。

在大家的共同努力下，喜观村逐渐变得干净整洁，环境越来越美丽。

（四）院落改造

1. 向家院子，基础设施改造

以孝善文化为主题的向家院子中，村舍、水塘相映成趣，高树、低柳俯仰生姿。人们进入村落后，能够深切感受到乡风文明无处不在。此外，当地整修向家院子时还将连通村民房前屋后的人行道改造为虎皮石人行道，将村里的机耕道硬化为混凝土车行道，改变了村民晴天一身灰，雨天一身泥的旧状；当地还帮助村民修复垮漏房屋，并在房前屋后村道沿线栽植了各色花草，增设了太阳能路灯。

同时，当地在改造向家院子的过程中，融入了丰富的传统文化元素，原来破旧不堪的老房子外墙经过重新修缮和粉刷后，画上了以渔、樵、耕、读为主题，带着浓郁中国风的彩绘壁画，画中含有治水、凿井、乡村宴席等农耕文化元素。

2. 幺滩院子，危旧房改造

多年前，幺滩院子里污水横流、道路泥泞，院坝边上杂草丛生，房前屋后堆满杂物，到处脏乱不堪。到了夏天，这里更是蚊虫乱飞、鼠蚁乱跑。七塘镇抓住了乡村振兴这一契机，大力进行农村人居环境整治，打造了以农耕文化为主题的幺滩院子。作为喜观村重点打造的院落，幺滩院子保存了原有的农具及老物件。下一步，当地还将同四川美术学院等有关单位积极合作，为该院落注入更多文化元素，并使之与发展乡村旅游相结合，实现当地收入增长。

（五）振兴策略

喜观村在乡村振兴战略的实践中树立乡村振兴新思路，培育乡村振兴新力量，引导乡村振兴新航向，打造乡村振兴新堡垒，构建乡村振兴新生态，以多角度，多渠道实施乡村振兴战略。

1. 金丝皇菊和草皮种植

喜观村于 2020 年投入 80 万元到重庆凯瑞农业喜观昆虫王国，联合种植了 30 余亩金丝皇菊，解决了周边 10 余名剩余劳动力的就业问题。至 2020 年底已采摘湿花 30000 斤左右，收益可达 15～20 万元。2019 年时，村民们还曾抓住晴好天气播种草种。据了解，草皮种植是一项投入少、回报快、收益好的产业。近年来该村大力发展草皮种植产业，目前已种植草皮 300 余亩。

2. 土地流转，蔬菜种植

农村土地承包经营权流转是实施乡村振兴和发展农村经济的重要抓手，引导农民长期流转承包地并促进其转移就业，有助于稳步提高农民收入。喜观村在积极提倡土地转让、转包的同时，还推行了租赁和入股等新的流转方式，以统筹城乡发展，调整用地结构矛盾，最大限度实现农地资源的保值、增值，以及农村土地规模化、集约化利用。

文明创建需要以经济发展作为支撑。为夯实“创文”基础，该村充分依托地处国家农业科技园核心区的区位优势，不断壮大农业产业发展，邀请专家进村开展种植技术培训，为群众增加就业、增收致富开辟新路子。如今，全村发展蔬菜、水果、苗圃基地达 2500 亩，村民每年人均增收 5000 余元。同时该村还壮大集体经济，鼓励农户业主入股，签订协议，以帮助老百姓增收致富，真正过上富裕日子。

四、结论与建议

（一）乡村建设状况总结

喜观村把强化乡村治理摆在优先位置，统筹规划，科学推进乡村产业、人才、文化、生态振兴，以提升组织力为重点，打基础，补短板，强功能，持续加强乡村治理体系建设。目前，该村基本形成了村容整洁、民风淳朴、经济发展、和谐稳定的良好局面。

喜观村主要通过坚持党建引领、全面推进环境综合整治、坚持生态环境保护与修复和不断创新体制机制等四项措施强化乡村治理，在产业发展、生态环境、乡风文明等方面取得了较大成效，曾先后获得“重庆市文明村”“市级美丽宜居村庄”“市级乡村治理示范村”等荣誉称号。这张乡村治理“满意答卷”的背后，离不开一系列措施的顺利实施。

目前，全村产业兴旺，蔬菜、花卉苗木两大产业格局全面形成，已建成西南首个昆虫主题乐园——“喜观昆虫王国”，以及喜观昆虫王国博物馆 1 座、农文旅融合发展院落群 2 个，打造的农耕文化园、生态采摘园等农文旅融合项目也相继开园；在宜居生态方面，该村建设有向家院子和幺滩院子，实施了交通主干道沿线绿化整治项目，改善脏乱差环境死角 5 处，又实施了农村硬化公路绿化美化工程，栽植行道树 10 余千米，种植美人蕉 5 万余株；在乡风文明方面，该村着力建设以“古道热场”为主题的体验展示基地；在百姓增收方面，该村一改过去农民“单兵作战”的生产模式，走规模化、集约化生产经营路线，全村蔬菜年均产值 3500 万元、花卉苗木年均产值近 3000 万元，带动了 800 余户群众投入农业产业二次结构调整之中。

喜观村还通过继续开展家庭美德教育、先进典型选树和移风易俗等工作，重点推进乡风文明建设；通过引导扶持现代农业、休闲旅游业发展等，大力扶持村集体经济发展。此外，该村还将在立足本村特色的基础上，进一步细化环境整治方案，健全完善长效管理机制，不断巩固提升人居环境整治成果，加快推进人居环境整治示范点和示范线建设，促进生产、生活、生态协调发展。

（二）实践建议

（1）加强乡村振兴战略宣传。村民们对于乡村振兴的具体概念并没有特别了解，大多数仅仅有所耳闻。据了解，喜观村之前一直在进行乡村建设和乡村治理，最近才开始落实乡村振兴战略，所以调查员建议之后应及时在村民之间加强对宏观政策的宣讲，使他们能够深入了解与自身切实相关的发展战略。

（2）美丽乡村建设的关键还在于农村是否能够留得住人。尽管现在喜观村的基础设施已经非常完备，大多数人还是不愿意回村生活就业，主要的原因是村内工资收入太低，迫于生活压力必须外出打工。调查员建议下一步应该以经济建设为中心，从多个方面发力，向美丽乡村的方向进行建设，改善农村就业情况，积极利用现今的互联网平台，通过提供农村就业岗位提高村民收入，让人们不只是在外称赞喜观村，更愿意在内留下来生活。

（3）还需在集体经济、就业工作以及医疗保障上加大投入，只有在这些方面下功夫，才能建设好较为全面的美丽新农村。调查问卷的结果对于喜观村的村委书记来说也具有一定的参考价值，有助于帮助其进一步明晰接下来的努力方向。而据调查员现场走访了解的情况，该村投入千万资金的新院落即将建成，其中包含了各种文娱设施（包括健身器具），这将有助于进一步提升村民在日常生活中的幸福感。

第四部分

文化建设专题

传统手工艺的发展现状与优化路径

——基于对浙江东阳木雕的调查

夏搏远　张艺凡　江星瑶　姚沐阳　于雪纯　陈康锐①

一、调查实践的背景、目的及意义

东阳木雕历史悠久，起源自唐，发展于宋，鼎盛于明清，与乐清黄杨木雕、福建龙眼木雕、潮州金漆木雕并称为中国四大木雕。其中，东阳木雕又被称为“中国四大木雕之首”。2006 年 5 月 20 日，东阳木雕经中华人民共和国国务院批准列入第一批国家级非物质文化遗产名录。

本次社会实践旨在通过亲身体验，寻木雕之根源，赏木雕之魅力，学木雕之工匠精神，领略非遗魅力，推动非遗文化的传承与弘扬。

二、调查实践的内容与方法

（一）调查的内容

实践团队队员就东阳木雕的现状和发展趋势展开调研，通过实地走访了解东阳木雕的艺术美及其背后存在的传承难题，同时运用专业知识思考如何更好地解决这一难题并提出建议。

（二）调查的方法

1. 文献调查法

在网上查找与东阳木雕相关的资料，充分了解它的历史、特点、成就与现状。

---

① 夏搏远、张艺凡、江星瑶、姚沐阳、于雪纯均为华中科技大学信息管理与信息系统专业 2019 级本科生，陈康锐为华中科技大学物流管理专业 2019 级本科生。

2. 问卷调查法

通过问卷调查不同年龄段的人对东阳木雕的了解程度以及他们对这类传统手工艺的看法。

3. 实地观察法

实地考察东阳中国木雕城、中国木雕博物馆、东阳某木雕工厂三地。

4. 访问调查法

采访木雕艺人和木雕商人,分别从木雕创作的角度和木雕售卖的角度了解相关产业发展状况。

三、调查实践的结果与分析

(一) 作品的维度:东阳木雕的两面

作为中国民间工艺的瑰宝,东阳木雕具有浓厚的历史底蕴,自带独特的雕刻技艺和艺术特色。因其既可作独立装饰工艺品,也可作家具、木梳等各种生活实用品,东阳木雕从清末至今都作为一种精美的商品流通。在当代多元文化的冲击下,东阳木雕的传承者也就如何平衡艺术性和商业性这一问题进行了探索。

1. 艺术性木雕的传承

东阳木雕以其精湛的雕刻工艺、古典高雅的格调而闻名,并被列入首批国家级非物质文化遗产名录。每一件木雕艺术品的诞生都要经历十几道工序,从设计图稿、选料、切料、刷样、打轮廓线、脱地、分层次、分块面、细坯雕、修光、打砂纸、细刻到最终的成品,每一道工序都需要由工艺大师纯手工完成,每件作品需耗时几个月甚至几年。

东阳木雕工艺大师们秉承着对工匠精神的不懈追求,代代传承木雕技艺,使得木雕作品得到极高的赞扬和认可,频频亮相于国际盛事。值得一提的是,明堂红木家俱有限公司曾负责设计并制作 G20 杭州峰会的主会场大型圆桌,以及各国元首和部长坐的红木圈椅。

从古至今,东阳木雕工艺通过师带徒的方式一代一代传承下来。从唐宋元明时期的雕版印字到清朝的皇宫雕饰,从佛像到建筑家具,每一代木雕工艺大师都在不断丰富题材内容,改进雕刻技艺。东阳木雕的传统工艺中蕴含着东阳木雕艺人博大的智慧和精深的木雕技艺,是中华民族特有的艺术文化结晶。然而,由于东阳木雕技艺大多是口传心授,随着老一辈艺人的消逝,很多技艺也随之消失。加之东阳木雕制作工艺复杂、耗时长、速度慢,如今的年轻人又难以潜心钻研传统技艺,因此出现了相关从业者人数下降且技艺不精的现象。

2. 商品性木雕的创新

在多元文化冲击下,人们的审美观念发生了改变。为了维持东阳木雕产业的可持续发展,从业者在商业性木雕中融入现代文化理念,使之契合当代审美,实现了东阳木雕作品的创新。

东阳传统木雕的题材更多偏向于民间故事、神话传说、山水风景、花鸟鱼虫等。虽然明清时期就有红木家具的存在,但随着人们生活水平和审美要求的提高,从业者也对红木家具的设计进行了相应的改良,新中式家具应运而生。新中式家具更简约、美观,符合当代年轻人的审美标准。同时,新中式家具考虑了客户的习惯、需求,在保证美观的基础上还兼顾了家具的功能性和舒适性。

作为商品的东阳木雕,其类型也更加丰富多彩。大到木雕屏风、木雕家具,小到木雕摆件、木雕梳子,都具有很强的实用性。

随着淘宝、京东等线上购物平台的发展,抖音、快手等直播带货平台的兴起,东阳木雕城还开设了直播基地以促进东阳木雕产业与电商相结合,开启了直播带货的经营模式。

(二) 审美的维度:艺术视角下东阳木雕的发展趋势

1. 传统审美向现代审美的转变

传统的东阳木雕以显著的绘画性为特点。绘画性能使雕刻作品产生明显的空间感,同时让人感受到木质材料当中的层叠起伏与错落交织的景象,从而展示出高度的视觉冲击力。因此,传统审美下的东阳木雕注重雕刻的技法,追求作品在观赏性上能散而不松且多且不乱。这也就导致用传统技法制作的东阳木雕显得复杂烦冗,这与现代的简约化审美产生了一定的冲突,若将传统工艺不加修正创新直接应用于现代工艺品,则可能会显得不合时宜。传统审美和现代审美无疑会相互碰撞交融,其结果就是在现代审美观念的影响下,东阳木雕的工艺不再一味地追求作品构图的饱满性,而是更注重线脚的平滑与造型的流畅,让作品整体显得协调而非臃肿。简化改良后不仅作品结构更符合现代人的审美,作品的工业化属性也更为明显,这样的改良有效提高了东阳木雕的生产效率,促进了东阳木雕产业的发展。

2. 文化传承对木雕设计的影响

东阳木雕艺术有着悠久的发展历史，从盛唐时期至今经历了很多的内容创新与技艺革新。随着国民经济的发展与人们审美情趣的不断提升，木雕艺术被越来越多地用于现代工艺品的设计之中，其中的文化烙印是难以抹去的。如今人们对古典传统文化的热情越来越高，体验传统工艺的动力越来越强。因此，当今的木雕作品依旧以古代文化中的元素为主基调，从花鸟鱼虫到小桥流水，无论是图案、色彩或是构图寓意都彰显着浓厚的传统文化底蕴，散发着浓郁的古典韵味。即使现代审美对东阳木雕的设计风格产生了一定冲击，但是中式的工艺形式依旧在木雕设计中占据主体地位，使得木雕设计保留、传承了古法设计所具备的独特魅力。

3. 流行元素在木雕产业中的应用

东阳木雕古朴典雅且极具东方特色，但由于现代设计理念与时代要求已经发生了深刻变化，木雕产业也随之革新，这种产业革新体现在三个方面。一是雕刻题材的不断丰富。如今的木雕题材不再局限于传统的民间传说，像现代的花卉、风景、人物以及形象各异的艺术造型都可以进行雕刻，无论从观赏还是实用角度都能够满足当代人们多元化的精神需求。二是设计遵循艺术性与实用性相结合的新标准。设计师在进行作品设计时要把美观与个体需求综合考虑进去，在进行工艺制作时也应把美观与实用进行融合，确保艺术性与实用性同时恰到好处地融入木雕工艺之中。三是注重创新表现形式。在木雕创作过程中，木雕主要讲究“点、线、面”，致力通过创新“点、线、面”收获具象艺术效果。在传统木雕创作之中，相关木雕艺人主要是凭借“记忆”速写作品。这一类作品虽然蕴含浓郁的生活气息，很受大众欢迎，但在表现形式上有一定的局限性，容易使作品没有生机。如果能够积极融入当代速写题材，便可以在神韵、笔意等方面收获完美效果。总之，将当代速写与木雕传统工艺相结合，可以实现具象与意象的完美融合，达到“画”与“雕”的巧妙融合，切实展现木雕的美感及质感。

（三）商品性维度：商业性木雕与艺术性木雕的碰撞与融合

如今，资本涌入各行各业，也包括传统木雕行业。乘着互联网的快车，东阳各类网红直播平台基地拔地而起，微博、抖音等平台成为木雕宣传的又一重要媒介。在商业经济的引导下，艺术木雕和商业木雕正寻求新的平衡。

1. 艺术性木雕以观赏收藏为目的

姚正华木雕研究所的工作人员在接受采访时，有意地将其作品与商品区分，着重地强调了艺术品。而这些艺术品，无一不来自老师傅独具匠心的精雕细琢，每一件作品的制作周期在两三个月至数年不等，与之对应的是它高昂的价格（数万元到数百万元不等）。这也造成其受众群体的局限性，工作人员称东阳木雕的顾客大部分为四十岁左右，且有一定经济实力的人。

2. 商业性木雕以销售为主要目的

商业性木雕与艺术性木雕的差异甚大，其类型以家具及各类摆件、饰品为主。在团队走访的各个网红直播基地，以及观看的大量带货直播中，商业性木雕的数量占了大部分。通过各类直播来看，商业性木雕身上的“东阳”标签正在不断弱化。某直播间老板谈及“互联网发展是否会促进东阳木雕的发展”这一话题时，认为商业化木雕更多是工厂机器的产物，而机器生产过程不存在细节和实力的差别，这也意味着，东阳木雕和义乌制小商品将毫无区别，其收藏价值大大降低，这显然会影响东阳木雕的品牌效应。快节奏的商业化生产，使得木雕制品的样式日趋同质化，人们唯有在木头的材质上寻找更多的利润空间，这也造成了传统木雕行业被忽视的局面。

3. 融合发展，商业性与艺术性兼得

在参观访谈的过程中，团队也看到了东阳木雕在兼顾艺术性与商业性方面的探索。例如明堂红木家俱有限公司在其家居产品中融入木雕元素，简洁大方而不失其艺术性，这独特的融合也使其产品在 G20 峰会等大型活动中频频亮相。明堂红木家俱有限公司以工艺为先，保留木雕的典美内髓，伴之以商业元素，开拓更为丰富的市场，这便是商业与艺术的一次巧妙融合。姚正华木雕研究所则开通了抖音账号，目前已有一万余粉丝，姚正华还安排部分作品通过机雕初始胚的方式降低成本，其售价仅为千元，在网上也有不错的销量，成为装饰、送礼的一大选择。另外，我们在采访中发现，有些商家也会为自己的产品设置两条运营线，来满足不同的客户需求。例如网上的产品多为工业化制作，售价、样式皆平常化，可以为线下引流；而线下的产品大多为手工制作，蕴含着创作者个人的艺术视野和技能优势。艺术性木雕与商业性木雕如何平衡发展，从业者还在进一步探索，可以预期的是，东阳木雕产业的未来会在商业与艺术的双重取向下，实现进一步转型升级。

（四）调查问卷分析

1. 对东阳及木雕的知晓程度

根据调查结果可以看出，绝大多数人对东阳的印象来自于课文《送东阳马生序》,而对于木雕,基本上只有浙江本地人有所耳闻,其他人基本上没有听说过,尽管实际上东阳木雕在全国许多重要场合都出现过。这便是这类民间工艺面临的一大问题:"知晓度极低"。不仅是东阳木雕,普通百姓对于整个木雕产品的态度也较消极,选择"不会关注"的人较多,这为木雕产品的推广带来了许多困难。

2. 对于不同木雕产品的购买意愿

根据调查结果可以看出,大众对低价精致的小件木雕产品还是乐于接受的,而对于大件木雕工艺品则通常有所疑虑。不过这也是正常现象,毕竟大件工艺品普遍较为昂贵。所以对于木雕产品的推广,可以考虑从小件木雕手工艺品开始。

3. 对于木雕家具的考虑

调查结果表明,除了木雕生活用品,大众对于木雕家具也格外感兴趣,有57.14%的受访者表达了这种想法。而木雕家具也是木雕产业的主要产品之一,新中式木雕家具也得到了大部分人的关注。因此,作为东阳木雕的重要代表,木雕家具十分适合在市场上进行推广。同时,木雕产品的制造也是需要木雕工艺支撑的,所以木雕家具也很适合作为木雕工艺传承的载体。

4. 大众对于木雕这类传统手工艺的看法

74.29%的受访者对木雕这类传统手工艺的未来持乐观态度。持乐观态度的受访者列举的理由主要有以下两条。

(1) 木雕工匠们正在随着时代的发展不断创新,比如新中式家具的兴起,木雕手办的出现等都体现了这一点,木雕文化会越来越受年轻人的喜爱(76.92%的乐观者持有此观点)。

(2) 随着互联网平台的兴起,抖音等短视频直播平台的出现将有利于木雕文化的传播,并促进木雕的发展(75.12%的乐观者持有此观点)。

而持悲观态度的受访者列举的理由有如下两条。

(1) 木雕工艺流程复杂的特点使其传承起来并非一件易事。当代年轻人的价值观与传统手工艺思想存在一定的差别,这使得掌握这门手艺的技术人员越来越少,未来有出现人才断层的风险(77.78%的悲观者持有此观点)。

(2) 由于科技的发展,机械越来越智能,机雕产品越来越精妙,机雕的成本也越来越低,如此则机雕市场会逐步挤压手工木雕市场(55.88%的悲观者持有此观点)。

由此,我们可以借大众之眼侧面看出木雕产业未来面临的机会与挑战所在。大众会愿意接受更加现代化、与互联网和现代社会结合更深的木雕文化，这也是众多传统手工艺的持续发展之道。至于如何让更多人身体力行地参与手工艺制造，来创造高于普通“产品”一层的“艺术品”，而不是单纯靠机器制造千人一面的商品，则是政府和老手工艺人所需要考虑的。

四、结论与建议

随着社会的发展，传统工艺美术品的实用功能大幅度降低，审美的日益多样化也使传统工艺品的美化装饰作用逐渐弱化。这导致许多传统民间艺术和工艺品行业萎缩、手艺失传。近年来，政府越来越重视民族传统文化的传承与保护，以民族民间传统文化为基础的文化产业开发也越来越受到人们的重视，并逐渐成为转变经济发展方式的关键和新的经济增长点。

但是仅仅停留在保护和重视的层面是不够的，还要解决诸多实际问题：风格与现代格调不协调；材料多是再生缓慢的珍贵木料；价格昂贵，对大多数消费群体而言属于奢侈品……这些都是阻碍东阳木雕发展的实际问题。对此，相关从业者正在积极探寻发展的突破口。针对上述问题，团队成员总结出下列可行建议。

（一）加强营销，打造品牌

要想在市场竞争中占据一席之地，没有品牌优势是无法想象的。品牌的形成不仅要遵循一定的规律，而且要经历一个艰难的打造过程，并不是可以一蹴而就的。民间工艺品虽然有较高的知名度和文化传承价值，但由于生产的手工性质、经营的个体化和分散化、营销手段的单一和非专业化等原因，作为商品的民间工艺美术品难以形成真正意义上的品牌。因此，民间工艺美术品相关从业者要树立品牌意识，加强相关资源的整合，提高专利产权保护意识，在产品的品牌塑造上给予足够的重视。

（二）传统与现代相融合

这里的融合包括两个方面：一是内容和风格，二是制作工艺。在内容和风格方面，既要保留传统木雕的基本题材和风格，也要将现代元素和审美观念融入其中，对木雕进行符合现代审美的创新和改造。在制作工艺方面，既要在继承东阳木雕传统工艺的基础上兼收并蓄其他民间艺术的精华，也要借助现代科技手段改变纯手工作坊式加工的局面，通过引进智能型电脑雕刻机等先进生产设备提高生产效率和产量。

（三）建立基地，打造平台

民间艺术生存与发展的根本动力还在于自身的变革与创新，创新是艺术的灵魂，也是竞争力的根本所在。要提高民间工艺美术的市场竞争力，关键是产品的创新，而建立相应的创新基地就是有效途径之一。可通过基地汇聚工艺美术大师等精英人才，并在大师的引领下，把基地打造成创新的前沿阵地。

短期支教的效果、问题与对策
——基于对云南省昭通市怀来村的调查

魏绍堂　杨　达　朱奕铭[①]

一、调查实践的背景及意义

乡村教育事业是乡村振兴的基础性工程，承载着塑造文明乡风和提供人才支持的重要功能。在“好的老师不愿下乡，乡下老师盼望进城”的局面之下，“大学生支教”成为改善落后贫困地区教育状况的新措施，而在长期支教之外，短期支教因其灵活性、易操作性在近几年成为一种流行的支教方式。

但短期支教对乡村教育的影响也面临争议，近年来社会上对于大学生志愿者社会责任感不足、专业能力缺乏、授课连续性较差的质疑越来越多。本实践团队对于此现象极为关注，希望通过调查支教地学生、家长和其他村民对于短期支教的看法，探究短期支教活动对乡村教育的影响，为往后更加有效地开展乡村支教活动提供客观真实的参考资料。同时我们也立足于乡村教育在乡村振兴战略中的重要地位，希望通过对改善大学生短期支教活动提出科学合理的建议，来助力乡村教育发展，进而助力乡村振兴。

二、调查实践的内容与方法

（一）调查内容

本次关于短期支教与留守儿童情况调查活动于 2021 年 7 月 9 日在云南省昭通市彝良县洛旺乡怀来村开展，共历时三周。实践队员在支教的同时就短期支教的效果展开调研，总结存在的问题并提出建议。

（二）调查方法

调研采用观察法、访谈法、文献法和问卷调查法等研究方法，其中问卷调查

---

① 魏绍堂、杨达、朱奕铭为华中科技大学工业工程专业 2019 级本科生。

结果可用于系统地量化分析受教学生对于短期支教的态度，而相关分析将有助于了解受教学生对于支教活动的期待程度以及他们对于教学质量、授课方式和老师本身的感受。

三、调查结果分析——支教质量影响分析

支教者与受教学生是支教活动的主要参与者，学校是支教活动的平台。分析支教质量的各种因素应从相对应的角色入手，本节将根据问卷调查的结果进行分析。

（一）问卷填写的基本信息

在此次调查实践活动中，团队共发放问卷 65 份，回收问卷 56 份，其中有效问卷 47 份，有效问卷回收率为 83.92%。

1. 有效样本数特征描述分析

（1）有效样本数为 47 人，其中男生 25 人，女生 22 人，大致比例为 1∶1。

（2）在全部的有效样本中，100%的学生为农村户口，可见调查实践地点的选择是较为合理的。团队在后续家访中了解到，该地点是一个较偏僻、师资较匮乏的地区，学生很难接触到外部世界的东西，部分学生为留守儿童或其家庭较贫困。

（3）学生所在年级跨度较大，其中小学四年级、小学五年级、初中一年级的学生分别占有效样本数的 25.53%、29.79%、17.02%。在实际填写问卷的过程中，中高年级学生也展现出较大的热情。

2. 各项指标分析

1）学生对于支教活动的预期

（1）通过问卷调查和相关的家访，团队了解到学生对于支教活动具有很高的参与期望，有 89.37%的学生愿意或者非常愿意参加本次支教活动。

（2）在问卷调查的过程中，团队也发现有 59.57%的学生（28 人）曾参与过类似的支教活动，他们同样对本次支教活动抱有很高的期待。

团队利用相关方法研究了“您是否愿意参加类似形式的支教活动”和“您在本次支教之前是否接受过类似形式的支教活动”两个问题之间的相关关系，并使用 Spearman 相关系数去表示相关关系的强弱情况。结果显示，两问题之间的相关系数值为 0.384，并且呈现出 0.01 水平的显著性，这说明“您是否愿意参加类似形式的支教活动”和“您在本次支教之前是否接受过类似形式的支教活

动”之间存在着显著的正相关关系。

换言之，曾经参与过支教活动或者对支教有过了解的学生，对再一次或多次参与支教活动具有正反馈的调节。这些孩子在和我们这些陌生的老师或者陌生的同学们相处的时候，能更好更快地进入状态。为了不辜负孩子们的预期，我们作为支教者，更应该严格要求自己，发挥支教活动独特的效果和作用，让他们不虚此行并对未来有更多的期待。

(3) 对于支教者而言，如何在“脱离原本的教学课堂”和“不能完全颠覆孩子们的课堂秩序”之间保持平衡尤为重要。因为是短期支教，我们无法如孩子们平日里的老师一样在课堂上讲述常规知识点，只能尽量讲述课外知识或在拓展视野方面提供帮助。

在我们家访过的学生中，有些学生所在学校的师资力量是极其匮乏的，而且教学环境不是很好。在问卷中，有超过 2/3 的同学表达了“非常期望支教，希望能从支教的老师身上学到平时学不到的知识”的想法。

2) 学生对于支教内容的反馈

(1) 最直接关乎支教质量的是支教内容，而学生们的反应是对志愿者的支教内容的直接反馈。实践团队开展了丰富多彩的课程和活动，也针对不同的年级分配了不同的课程。学生们都有各自不同的收获。

总体来看，学生们对于志愿者在学习方面的辅导印象最为深刻。志愿者针对学生所需，在学业上的经历和学习方法方面开展的辅导更受学生欢迎。支教团队也根据情况随时调整文化课和艺术课的比重，并努力确保每天下午都有完整的作业辅导和学习时间。

经过调查后，团队发现“实践活动形式”这一授课方式最受学生喜爱，“讲授式”和“游戏式”课程受欢迎的程度大致相同。

“谈话式”课程的受欢迎程度最低；其原因可能是多方面的。

其一，支教活动中的师生之间存在距离感，极短时间的相处不能消除孩子们与老师之间的隔阂。对于孩子们而言，老师的形象比较偏严厉古板，因此他们容易形成逃避心理，从而拒绝和老师进行沟通。其二，支教活动的上课内容难以把控，教学质量难以保证。部分支教成员在开展“谈话式”课程时缺乏必要的教学经验，仅以自己的理解去准备课程内容，结果学生不感兴趣，上课效果不佳。其三，支教成员未及时调整身份，不能真正走进学生内心。在上课过程中，部分支教成员对外面的美好世界夸夸其谈，却不考虑学生的实际情况。描绘美好世界固然可取，但脱离现状的空谈未免显得有些滑稽。其四，部分学生存在一些怀疑和自卑情绪。其五，孩子们天性爱玩，爱动手，因此对“谈话式”课程可能缺乏兴趣。

(2) 课堂上的主要活动者是老师和学生，老师作为重要的引导者，对于支教质量的影响无疑是巨大的。我们收集了学生们对于支教老师的评教结果以及他们对支教老师教学的整体感受,发现了很多问题。

整体来看,学生对于支教老师们的教学水平存在很大的质疑。对调查问卷中相关数据的分析结果表明,“对支教老师教学的感受”和“对支教老师的评价”这两个问题之间有着显著的正相关关系。由此可以得出结论,支教团队的水平参差不齐,教学水平亟待提高。

3) 支教的效果评估

参与支教活动的孩子们经常会提出各种各样的问题,比如太阳和月亮为什么会发光、空气中究竟有什么、宇宙是什么等,同时对于当时正在进行的奥运会也有很大的兴趣。团队成员有很多方便快捷的信息渠道,但当地的孩子们却因客观环境的限制而受困于信息壁垒。短期支教的一大意义也就在这一点一滴的补漏中。支教团队的答疑虽然不会给孩子们带来翻天覆地的变化,但至少在某些方面给予了孩子们潜移默化的影响,播下了一些心灵的种子。

在对支教效果进行评估时,大约 80%的同学认为支教提高了自己的学习兴趣,这说明支教本身也是教育的一种,而教育的内涵就是教会孩子如何学习,如何成为一个自己想成为的人。后来,团队成员在和学生交流的过程中,也收获了诸多学生的感谢:有的同学自己编织手环,送给每一位老师;有的同学把这几天的故事画到纸上,希望捕捉这美好的时刻;还有一些同学写了感谢信,字迹虽然歪歪斜斜,却都让支教成员真真切切地感受到爱心传递的力量,以及同学们对于继续参加支教活动的真挚的希望。

统计表明,大约 3/4 的同学期望与志愿者老师继续保持联系,然而还存在有相当一部分的同学不愿与志愿者保持联系。实践团队成员针对这个问题向这部分同学进行询问,了解到他们曾经参与过类似形式的支教活动,同样和志愿者们建立了深厚的友谊,但是支教结束后志愿者留下的联系方式不正确或未留下联系方式,让他们很受伤害,因此在后续的活动中对继续联系志愿者有了抵触情绪。

(二) 存在的问题

(1) 从支教队员的角度来说,较短的时间很难让队员比较充分地了解每一个孩子,甚至可能很难记住某些不活跃的孩子的名字,这就直接导致他们在出现问题或者与孩子们发生矛盾的时候,很难找到妥善的解决方法,容易引起孩子们的反感。另一个问题在于支教队员与当地政府的磨合与沟通不足。因为是短期支教,所以支教队员对接的大多是当地的团委,得不到太多来自当地政府的支持。支教队员和当地团委的衔接也有很多不足之处,这无形中加大了支教的难度,例如本团队在兼顾教学的同时,很难完全满足当地团委提出的较为严格的卫生要求以及其他宣传方面的要求。

（2）从孩子们的角度来看，尽管孩子们对于支教团队的到来显得很高兴，但实际上他们更在意的是在暑假有更多的机会跟玩伴一起玩耍。大多数孩子对于支教团队的教学都表现出了一种平淡的接受态度。一部分孩子在授课的过程中没有表现出对于课堂的敬畏和对知识的渴求。经过调查之后我们慢慢发现，这些孩子大多是因为接触的时间太短，而支教老师看起来要比他们学校里的老师好相处，所以并不会把支教老师真正当成“老师”来对待，这是一个利弊参半的问题。但在课堂上，这明显是弊大于利的。

（3）关于课程设计的问题，家长和学校的老师总是希望支教团队能够多教给孩子们应试方面的内容，但是这很难实现。客观来说，孩子们对于应试方面的内容会有一定的抵触，学习的效率也不会太高。此外，由于短期支教没有正式的教育局文件的支持，自愿参加支教活动的孩子年级参差不齐，大家的知识不在同一水平，因此难以统一教授应试内容。主观上来讲，支教队员也不太愿意过多地开设教授书本知识的课程。由于时间的限制，在不长的时间里教授书本知识很难取得明显成效，我们更加在意的是在这段时间过去之后，孩子们能收获什么，我们的支教活动能给他们留下什么，所以课程的设计会有一些创新，这就难以满足家长和学校老师的要求。

（4）从问卷调查的结果来看，孩子们的收获并没有达到预期，支教队员想要传递的很多东西也没有很好地被他们吸收。

四、结论与建议

（一）结论

在较贫困地区，留守儿童仍然比较多见，但多数家庭的经济条件相比过去有明显改善。缺少监护人的陪伴依然是留守儿童面临的主要问题，而这容易导致心理健康等问题。就怀来村而言，留守儿童的教育问题已经得到了改善，他们的思想水平和学习条件相比过去已经有了大幅提高。当地居民对于短期支教大多持支持态度，但短期支教项目仍有许多需要改善的地方，只有针对不足之处不断改进才能给予留守儿童更多帮助。

（二）现有问题的解决之策

（1）对于队员来说，可以适当地进行家访，以此来从更多维度去了解孩子，这样一来同他们的交流会更加的顺畅。例如在怀来支教的过程中，一位小学四年级的女生在最开始入校的时候显得很孤僻，不会跟其他同学一起玩耍，团队成员去跟她沟通时，她也略有排斥。后来在家访途中，团队成员了解到她的父母刚刚出去打工，现在跟爷爷奶奶在一起生活。之后在和她沟通的过程中，团队成员从爸爸妈妈对她的感情着手，便容易了许多。

（2）对于整个支教队伍来说，可以将相关支教项目上报给自己的学校，由学校来跟当地教育局沟通，将支教活动规范化，如此也可以更加方便地获得当地政府的支持。这次前往洛旺乡的来自中南大学的支教队就是由学校直接与当地政府对接并沟通了相关事宜，尽管如今相关制度仍不成熟，但也为未来提供了一个思路。

（3）丰富课程的形式及内容。支教团队可以弹性地安排上课时间及内容，这样便于孩子吸收知识，例如可以在课堂中穿插爱国教育和社会主义核心价值观的相关内容，如此既丰富了课堂内容，也能给孩子们留下更深刻的印象。授课内容也可以不拘一格，重点在于引起孩子们的兴趣，让他们在支教结束之后仍有自主学习的动力。

（4）对于后续的沟通与交流问题，可以由学校或者社团帮忙解决。由于短期支教的时间限制，支教团队与当地孩子的沟通需要固定的组织来帮忙，而学校或者社团很适合来开展后续工作。例如这一次赴云南昭通支教队就得到了华中科技大学援之缘支教协会的帮助。有了学校或社团的帮助，支教团队就有条件在支教活动结束后继续同当地孩子交流或为困难学生提供帮助。

（三）其他建议

（1）志愿者要明确自己所承担的责任。志愿者应当明确自己要带给山区学生的是什么，分清楚短期支教老师和长期任教老师的区别，做好自己的本职工作。同时也要提高自己的授课水平和课堂质量，让学生在课堂上有收获。

（2）志愿者应与学生保持长期的联系。短期支教老师的责任不应止步于支教结束之际，应尽量与学生保持联系，继续关注他们的学习生活。我们的支教队伍在支教结束后也通过手机与学生保持了联系。在支教结束后，短期支教老师更像是学生的陪伴者，倾听和交流都会给缺少关注和陪伴的留守儿童莫大的心理安慰，让他们有被重视的感觉。

（3）志愿者应积极参加相关项目。有意向参加短期支教的志愿者不能因为社会舆论的批评而萌生退意。虽说孩子们更需要的确实是愿意长期驻扎的老师，但现实情况是这类老师人数不足，需要短期支教老师为孩子们提供帮助。志愿者不能因社会舆论而止步不前，要履行好自己的职责，思考自己为什么想做支教老师，以及自己想带给孩子们的是什么。

红色旅游发展现状与完善路径

——基于对湖北省红安县的调查

刘锐可　丁紫璐　梅梓萌　王小菲①

一、调查实践的背景、目的及意义

（一）调查背景

习近平总书记指出："依托丰富的红色文化资源和绿色生态资源发展乡村旅游，搞活了农村经济，是振兴乡村的好做法。"党的十九届五中全会进一步提出，要推动文化和旅游融合发展，发展红色旅游和乡村旅游。进入新发展阶段，要持续推进红色旅游健康稳步发展，传承红色基因，弘扬革命文化，凝聚奋进力量，助力乡村全面振兴。

红安县是一个典型的山区农业县，也是新一轮全国扶贫开发工作重点县，全国老区建设示范试点县。红安县境内有大别山红色旅游系列景区（点），景区内有黄麻起义和鄂豫皖苏区纪念园、七里坪长胜街等众多意义重大、影响深远的红色旅游资源。在通过红色旅游助力乡村振兴方面，红安县同时具有代表性和独特性，具有巨大的调查和探究的空间和价值。

（二）目的及意义

本次调查的意义在于通过参观红安县的红色景点，感受红色文化内涵，激发调查团队成员的爱国情怀，增强调查团队成员的社会责任意识和理想信念追求，培养勇于担当复兴大任的时代新人。同时，分析并总结红安县红色旅游资源优势及发展经验，有助于调查团队就红安县如何落实"产业兴旺、生态宜居、治理有效、乡风文明、生活富裕"的乡村振兴国家战略总体要求提出更好的建议。

---

① 刘锐可、丁紫璐、梅梓萌、王小菲均为华中科技大学国际商务专业2019级本科生。

二、调查实践的内容与方法

（一）调查内容

调查团队奔赴湖北省黄冈市红安县，围绕红安县文旅融合的乡村振兴模式及成效展开调查，对其发展模式的现状展开分析，并探究其发展前景，针对现有问题提出相关建议。

（二）调查方法

本次社会实践调查采用了实地观察法和问卷调查法。在调查前期，团队成员前往红安县部分红色旅游景点进行实地考察，获得了对调查地区最直接的认识和真实可靠的第一手资料；在调查中期和后期，团队成员结合实地考察获得的信息，拟定关于红安县红色旅游的满意度调查问卷并发布，获得了关于红安县红色旅游现状的社会信息，为后续的问题分析提供了数据支撑。

三、调查实践的结果与分析

（一）现状与问题：SWOT 分析

1. 红安县红色旅游景区目前的优势(Strengths)

1）政治优势

红安县是黄麻起义的发源地，是鄂豫皖革命根据地的摇篮，也是中国工农红军红四方面军、红二十五军、红二十八军的诞生地。“两百个将军，同一个故乡”体现了红安人对红安红色文化的自信。除此之外，红安县这几年获得了湖北省旅游强县、全国文明县城等多项荣誉。作为全国老区建设示范试点县，红安县吸引了 500 多个单位选择红安县作为其革命传统教育基地，每年来红安县接受革命传统教育和参观的游客达近百万人次。红安县特有的历史背景和文化渊源使其在政治上颇具优势，发展红色旅游必然会在很大程度上拉动当地经济的发展。

2）资源优势

红安县曾是鄂豫皖革命根据地的中心，红色旅游资源丰富且种类齐全，部分资源保存完好。红安县红色景点较多，有 96 处重点文物保护单位，其中属于国家级的有七里坪革命遗址群、黄麻起义和鄂豫皖苏区纪念园，另有省级重点保护单位3处、县级重点保护单位72处。

总而言之，红安县的政治优势显而易见，红色资源也极其丰富。在这样的环境和背景下，通过发展红色旅游带动红安经济发展，是一个正确的选择。

2. 红安县红色旅游景区目前的劣势(Weaknesses)

1）基础设施不完善，交通不便

红安县位于湖北省东北部大别山南麓地区，是典型的贫困山区，位置偏远。红安县的火车站红安西站距离县中心有40公里左右，当地没有地铁，乘坐公共汽车需要一个小时以上，耗时费力，容易降低游客的体验感。且县内的基础设施建设水平有待提高，从县城通往七里坪的很多道路都还是泥土路，坑坑洼洼，尘土飞扬。县内的多个十字路口、三岔路口都没有设置红绿灯，有安全隐患。红安县的交通几乎落后于全部的周边县城，高速公路和高铁的位置都太偏，县城附近截至目前还没有能直接通行的高速公路。麻城、新县、大悟等周边县市的高速公路、铁路四通八达，而这些对于现阶段的红安而言却是奢望。

2）红安县内的红色景区同质化太明显，没有特色

多数景区没能充分挖掘和发展红安县的红色旅游资源，在把红色资源与当地的特色结合起来这方面做得不足。七里坪的长胜街是一条红色商业街，街中有一百多家店铺，里面卖的多数产品却是批发来的、在全国各地都可购买到的一些红色旅游纪念品，没有特色，也难以吸引游客注意，不能给人留下深刻印象。

3）景区道路、外围环境、文物保护和旅游服务设施等方面比较差

部分红色旅游景区存在道路交通现状较差，路面破损严重、年久失修，无排水、防洪设施，步游道及台阶部分毁损的现象。部分文物产权尚属居民私有，特别是旧址群类景区，存在非文物建筑夹杂在文物建筑中的情况。一些旧址建筑物外立面效果参差不齐、风格各异，大大影响和破坏了景区的整体环境。还有部分景区的外围及周边环境卫生较差，没有配套的城市垃圾、污水收集处理系统，严重影响了景区（点）旅游形象，这一问题需要进行大力整治。景区建设水平参差不齐，很多景区内供水、供电等线路老化，没有建设游客中心、厕所、旅游标识系统等设施，大部分景区没有配套的停车场，景区内绿化面积不足，绿化树种单一，景点单调。

4）各红色旅游景区未能形成红色旅游产品链

红安县及其周边地区的红色旅游资源十分丰富，点多面广，但当地尚未将各红色旅游景区（点）、红色旅游和绿色旅游产品进行有效整合。如在红安县境内，有黄麻起义会议遗址、长胜街革命遗址群、鄂豫皖特区苏维埃政府旧址、鄂豫皖特区革命军事委员会旧址等20余处红色旅游景区（点），以及天台山、九焰

山等多处绿色旅游景区（点），但当地在旅游线路安排、城市休闲设施建设方面没有统筹考虑，缺乏连线成片、合理分区、优势互补、各具特色的整体开发思路。此外，大别山红色旅游区是湖北省红色旅游资源最为集中的区域，大别山生态旅游区拥有国家级森林公园，也是湖北省重点建设的生态旅游区，然而该区域内的红色旅游景区（点）与核心绿色景区的连接道路状况均较差。当地在旅游线路组织方面没有统筹考虑，还未形成整体或区段产品联合的态势。

3. 红安县红色旅游景区目前面临的机会(Opportunities)

1) 国家鼓励红色旅游发展并给予大力支持

如今红安已成为湖北省最大的红色革命教育基地，从中央到地方各级政府领导都高度重视红安红色旅游的发展，并给予了大力支持。近年来，国家采取了一系列推动红安红色旅游发展的措施，同时加大了对革命老区的宣传力度。2004 年 12 月，中央办公厅和国务院办公厅联合出台了《2004—2010 年全国红色旅游发展规划纲要》(以下简称《纲要》)，“武汉—麻城—红安—新县—信阳”线入选成为 30 条红色旅游线路之一。此外，红安县的黄麻起义和鄂豫皖苏区纪念园是全国 100 个“红色经典园区”之一，属于国家 AAAA 级景区。

2) 红安县红色旅游周边配套设施已初具规模

红安县城以及各个红色旅游景区周边配套设施如酒店、餐馆、纪念品店等已初具规模，这对于周边经济以及红安县第三产业的发展具有一定的带动作用。

4. 红安县红色旅游景区目前面临的威胁(Threats)

1) 全国红色旅游景区（点）迅猛发展带来的挑战

自全国刮起“红色旅游”之风后，井冈山、延安、韶山、瑞金、西柏坡五地成为深受旅游者喜爱的红色旅游胜地。这五个目的地由于历史上曾经发生过具有重大意义的革命历史事件或活动，具有很强的竞争力。遵义、百色、太行山、狼牙山等地红色旅游的发展，使得我国红色旅游形成蓬勃发展的局面，这必然导致各红色旅游景区之间的竞争越来越激烈。湖北省内拥有丰富红色资源的市县也有很多，如武汉、洪湖等地都有很多有名的红色旅游景区（点）。红安发展红色旅游不可避免地要与这些著名的红色景区展开竞争。虽然《纲要》中提出要培育的 12 个“重点红色旅游区”中，有以鄂豫皖交界地域为中心的“大别山红色旅游区”涉及红安，但红安仍将会面临其他邻近省市红色旅游经典景区的激烈竞争。

2) 红色旅游者旅游“偏好”的不确定性带来的挑战

从当前红色旅游的主要客源目标市场可以看出，红色旅游有其特定的市场群体，其主要的客源来自各党政机关职工、各单位员工和各学校师生员工，以及为进行爱国主义教育和革命传统教育而组织的旅游团队。所以，红色旅游的客源有其独特性。当前大多数旅游者是由政府及单位组织的，而当公费红色旅游热潮渐渐消退的时候，能否继续吸引旅游者，使旅游者继续保持这一“偏好”，将会成为红安红色旅游发展面临的严峻挑战，即在制度及消费方式转变后，能否使旅游者认识到本地红色旅游的价值，并自觉地接受传统革命教育。

（二）数据分析

1. 问卷填写者的特征

1）地域分布

在我们回收的129份问卷中，约47%的填写者来自湖北省内除黄冈外的地区，约27%的填写者来自其他省份和地区，而剩下约25%的填写者来自湖北省黄冈市。

2）职业分布

约一半的填写者是在校学生，另有15%的填写者是普通职员，12%的填写者是企业管理者，10%的填写者是政府机关干部或者公务员。

3）年龄分布

60%的填写者年龄在18～25岁之间，年龄在25～30岁之间的填写者占比约为17%，30～40岁之间的填写者占比约为15%，可见此次问卷填写者的地域、职业和年龄都有多样性，这使得调查的结果更加客观和具有参考意义。

2. 填写者对红安县的了解情况

1）是否听过和了解红安县

40%的填写者表示了解关于“中国第一将军县”红安县的一些基本情况，40%的填写者表示听过但是不了解相关情况，而另外20%的填写者则表示完全不了解相关情况，这说明红安县在湖北省黄冈市以外的地区的知名度不够高，当地的宣传工作有待加强。

2）了解渠道

在了解红安县的填写者中，信息获取渠道为网络、电视等媒体的占比64%，经人介绍的占比36%，媒体对红色文化的宣传作用可见一斑。

3. 填写者去红安县的目的及评价

1）去红安县的目的

在去过红安县的填写者当中，以个人旅游为目的者最多，占比46%，因单位组织学习参观而前往者次之，占比38%。

2）是否参观过红安县内的革命遗址或纪念馆

近70%的填写者表示在红安县期间参观过县内的革命遗址或者纪念馆，可见红色旅游资源拥有不错的吸引客流量的能力。

3）对红安县红色景区的满意度

大多数填写者对红安县红色景区的评价都在“一般”到“非常满意”之间，感到满意的占多数，他们对景区的学习性和故事性给出了较高的评价，而对景区的参与性和创意性的评价相对较低。

4）旅游者对红安县当地基础设施的满意度调查

在对红安县的基础设施的评价中，约60%的填写者感到一般和满意，但也有近15%的填写者感到不满意，在满分为5分的打分中，得分平均在3.6～3.7之间。可见红安县在交通出行、旅店住宿和餐饮服务方面的基础设施还有待改善。

5）填写者对红色旅游的一般性期望

80%的填写者表示参观红色景点时注重景点的历史性，60%的填写者注重学习性，50%的填写者注重参与性，只有20%的填写者注重景区的文创产品的发展。

四、结论与建议

（一）促进红色文化遗产活态传承发展，实现学习性、故事性与创意性的统一

针对红安县旅游业的满意度调查的结果显示，在旅游体验中，参观者对红安县当地的红色景区的参与性与创意性满意度较低，且明显低于其他指数。这说明了在这两方面，当地仍有很大的进步空间，如何补齐短板，实现质的飞跃，将是该地最大化发挥红色资源优势的重要突破点。基于层次分析法（Analytic Hierarchy Process，AHP）构建红色文化遗产活态传承模型是一种可参考的研究思路。《基于AHP分析的红色文化遗产活态传承路径研究——以红安县为例》一文指出：相比于同类型红色城市，红安县的文化遗产资源更加典型，更具有观赏游憩价值和历史文化价值，红色文化活态传承的前提条件充分。

活态传承强调文化传承的动态过程，落脚在“活”，是指在非物质文化遗产生成发展的环境当中进行保护和传承，在人民群众的生产生活过程当中进行传承与发展的传承方式，是推进文化教育成果深入人心的重要手段之一。关于如何推进红安县红色文化遗产的活态传承，团队认为打造智慧展区，增强展示的互动性至关重要。

在实际走访中，团队发现红安县当地的文物大部分以静态陈列形式展出，其背后的红色故事多以文字形式向游客展示。由此可见，引进更多智能化设备，增加展馆展示形式，将是提升展馆服务水平、提升展馆吸引力的基本方案之一。

首先，打造智慧展区，乘现代信息技术与数据分析技术高速发展的东风，以互联网与物联网为载体，将有助于做好精细化管理。分析参观者的游览诉求，将有助于推出独具特色的参观服务。在游客进行参观以前，可通过官方小程序、官方网站收集个人旅游诉求，自动生成旅游线路推荐、旅游食宿指南和文创产品推荐，为游客量身定做个性化旅游方案，提高当地对非团体游客的吸引力，从而形成旅游品牌。

其次，打造智慧展区将有助于提升展区的游览价值。引进智慧展示的多媒体设备，利用多媒体技术将红色资源合理运用和组合，将使参观者可以在游览中更直观立体地感受那段革命岁月。同时，这一做法又提高了展出形式的多样性，增强了参观的互动性与趣味性。展区可以引进电子解说系统，根据参观者在展区内的定位实时讲述重要历史事件，如此既满足了参观者的求知心理，又使参观不至偏离主题，有助于做到学习性、趣味性和故事性的统一。

（二）巩固“红色＋乡村”旅游新业态建设，实现产业间联动协调发展

1. 科学布局民间工艺传承人才，探索“红色”新形式

团队在探索红安县红色旅游模式的过程中发现，当地作为全国重要红色教育基地，已经针对团体游客发展出了较为丰富的旅游形式。但就个体散客而言，旅游形式仍有进一步发展空间。

在民间工艺传承人才方面，2016 年初，为保护传承红安民间工艺资源，红安县委人才工作会议通过“人才强县”战略，由县委组织部牵头组织实施“红安县民间工艺传承人计划”评选活动，并计划在 5 年内培养出 100 位工艺传承人。在民间工艺方面，红安绣活工艺于 2008 年进入国家级第二批非物质文化遗产名录，走进大众视野。

团队建议红安县政府以特色工艺生产性传承为轴心，拓展并延伸工艺品制造的产业链，进一步挖掘工艺产品的观赏性。在名人故居展馆中相应的故事单元合理植入工艺制作的环节，使游客在参观中亲身体验红安绣品的生产制作过程。这种方式既有助于带动传统工艺品的销售，提高工艺产品附加价值，又能在旅游经济中吸纳更多当地人就业，吸引更多外地游客参观，提升旅游效益。

2. 旅游助农，特色分块，形成乡村振兴新热点

政府应明确各个红色教育示范村的旅游主题，提升乡村旅游的特色和独一性。农旅融合发展以农产品市场化销售、农家休闲体验和乡村旅游为主要形式，应把红安县的红色文化资源优势作为建设美丽乡村、发展乡村经济的主要助推力。在游客游览乡村的过程中，特定的乡村能够以情景式体验的方式达到更直入人心的教育效果。而对于乡村经济而言，通过相关政策吸纳更多外地游客，能进一步发展当地的特色产业，也能提高特色农产品的宣传效果。

红色旅游景点的现状与发展建议

——基于对湖北省武汉市的考察

汪思睿　韩世政　胡宁楠　乐　意　罗小龙　伊木然·苏比　朱昕祎[①]

一、调查实践的背景与目的

2021年是中国共产党成立100周年，党中央决定举行系列活动，其中第八项活动明确指出将在全国城乡广泛开展“永远跟党走”群众性主题宣传教育活动。党中央强调要充分利用革命传统教育基地和爱国主义教育基地的资源优势，建设红色旅游景点。

武汉是红色文化名城，这里坐落着大大小小上百处红色文化遗址。实践团队计划在武汉市红色旅游景点开展相关调查，进而了解人民群众对红色文化的认知程度。实践团队队员也将在深入社会、体验民情的过程中，开阔视野，培养创新精神和实践能力。

二、调查实践的内容与方法

（一）调查内容

本次社会实践以探访武汉市红色旅游景点为主要内容，团队成员前往市内多处红色景点进行线下调查，感受革命传统教育和爱国主义教育的新形式，并通过深入分析，总结提出发展红色旅游文化的相关建议。

（二）调查方法

（1）实地考察和参观：在武汉市各大红色旅游景区学习参观，了解该红色景区的宣传内容并进行影像记录。

---

① 汪思睿、韩世政、胡宁楠、乐意、罗小龙、伊木然·苏比、朱昕祎均为华中科技大学医学影像学专业2019级本科生。

(2) 问卷调查：对武汉市红色旅游景区的游客进行问卷调查，问卷形式包括线上扫码问卷和线下纸质版问卷。

(3) 资料搜集：搜集阅读相关文献，更加全面地了解武汉市红色旅游景区的状况及变化。

三、调查实践的结果与分析

(一) 游客基本信息

本次问卷调查的结果显示，参观红色景区人群主要有：19～35 岁的青年人，占比 71%；36～50 岁的中年人，占比 15%；18 岁以下的未成年人，占比 9%；51～65 岁及 65 岁以上人群分别占比 4%和 1%。这说明 19～35 岁的青年人学习党史的积极性最高，今后应加强在其他几类人群中的宣传，但同时也不能忽视在青年群体中的宣传。参观红色景区的所有人群中，有 88%的人接受了高等教育或正在接受高等教育；9%的人接受了中等教育或正在接受中等教育；3%的人接受了初等教育或正在接受初等教育。这在一定程度上表明，受教育程度较高的人群学习党史的积极程度更高。参观红色景区的人群中有 65%的人是共青团员，这也与前述青年人为最主要的参观群体相印证；其次为中共党员，占比 17%；人民群众也占比较大，有 15%；民主党派人士和无党派人士分别占比 1%和 2%。

(二) 游览次数

在调查的游客样本中，大部分(53%)的受访者每年参观红色景区 2～4 次；39%的受访者每年仅参观 1 次红色景区或者不参观；5%的受访者每年参观红色景区 4～6 次；3%的受访者每年参观红色景区 7 次或更多。由此可见人们对红色景区的参观热情还不够，这对未来红色景区的宣传具有指导意义。

(三) 游客获取红色景区的相关信息渠道

在调查的游客样本中，人们对红色景区的了解最主要是通过“微博、抖音、大众点评等媒体平台宣传”，这也说明了当今社会自媒体的影响力之大。此外，人们也较多地通过“学校、社区、单位等介绍宣传”和“亲人、朋友、同学、同事等推荐”的方式了解红色景区的情况，这说明景区的口碑对于游客是否选择该景区有着较大的影响。“旅行指南、社科图书等书籍文献”和“电视电影广告、实体广告等宣传”等传统途径对于景区的宣传也有一定的积极作用，但选择这两项的受访者人数低于前两项。

(四) 游客参观红色景区的原因

游客们选择参观红色景区的原因能够反映出游客们来红色景区的意愿。在我们调查的样本中,有 185 名游客选择“革命历史的吸引”,137 名游客选择“抒发爱国情怀”,这说明历史因素和爱国情怀是游客们前往红色景区参观的直接原因。有 77 名游客选择“门票价格实惠/免费”,有 84 名游客选择“风景环境优美”,这说明价格优惠、风景优美也是吸引游客们选择红色景区的重要原因,适当举办一些活动或下调门票价格可以间接促进景区的发展。有 107 名游客选择“学校/单位统一组织”,不难看出,现在学校等机构越来越重视对民众的历史教育,此类由学校或单位统一组织的参观行动可以激发民众的爱国情怀。另有 66 名游客选择“家人、朋友建议”。综上所述,游客们参观红色景区的直接原因是“革命历史的吸引”以及“抒发爱国情怀”,间接影响游客出游的是价格、风景、学校或单位的组织等因素。

(五) 红色景区最吸引游客的方面

问卷调查的结果显示,“丰富的精神内涵”“介绍的历史”“新颖的展示形式(如影片、虚拟现实 VR、增强现实 AR 等)”以及“还原的场景”是最吸引游客的因素。由此可见,还原的历史场景以及景区呈现的丰富精神内涵是最吸引游客的因素,也是游客们选择景区的最直接原因。由于 VR、AR 等技术的逐渐发展和成熟,新颖的展示方式也是吸引游客们前来参观的一种手段。被“展示的实物(或仿制品)”所吸引的游客较少,这说明实物展示也能吸引游客参观景区,但是效果可能不如前面的选项。

(六) 游客选择旅游景区时考虑的因素

在调查的游客样本中,选择“历史意义”“交通因素”的游客占比最高,可见景区的历史意义是影响游客选择景区的直接因素,而交通是否方便发达等因素也是游客进行景区选择时所重点考虑的。“组织安排”“安全系数”“网络热度”“人均价格”“游客密度”等方面也是影响部分游客选择景区的因素。选择景区时受“环境风景”因素影响的游客最少。综上所述,游客选择旅游景区时受多方面因素的影响,其中选择红色景区最直接的因素是历史意义以及游客的爱国情怀,而一般景区是否能吸引游客则存在多方面因素,比如交通是否发达、游客密度是否很大、景区周围环境是否安全等。一般而言,人均价格、单位或学校的组织安排、网络热度等方面对游客选择景区会起到间接的引导作用,而促使游客选择某一景区进行旅游的直接因素则是交通因素以及景区历史意义。

（七）游客参观红色景区后的收获

鼓励民众参观爱国主义教育基地是我国进行红色宣传的重要途径。只有调查清楚游客参观红色景区后有何收获，才能更好地指导景区建设。关于这一问题，我们调查的200余名游客中有156名认为自己的收获是"'四个自信'得到提升"；有190名认为自己的收获是"爱国情怀得到提升"；有190名认为自己的收获是"历史知识得到丰富"；有159名认为自己的收获是"思想觉悟得到提高"。由此可以看出，红色景区在培养民众爱国情怀、向民众普及历史方面的作用是立竿见影的，这间接反映了红色景区承担的重要职能。有一大部分游客认为参观红色景区不仅能给自己带来观感上的享受，更能带来思想上的熏陶。由此不难看出，红色景区是公民思想教育的课堂。

（八）游客的游览体验和后续游览意愿

了解游客游览红色景区之后的体验和后续游览意愿，有助于景区改善运营方法。增加"回头客"不仅能为景区带来更好的经济效益，更能夯实红色精神教育的群众基础。红色教育从来都不是一蹴而就的，要想培养民众的民族自豪感和历史使命感，必须持续、长久地进行教育普及。在此次调查的游客样本中，绝大部分游客的游览体验较好，选择"有意义，会推荐给其他人"，且在参观完红色景区后，绝大部分游客会选择"可能会去参观其他红色景区"，这说明部分景区在大部分游客心中的形象较好，相关游览内容充实，且能吸引更多的人来参观。游客能够推荐身边的人来游览，说明景区具有较强的吸引力和高性价比。但仍有小部分游客对景区不满，选择"无意义，不会推荐给其他人"，这说明部分景区可能存在配套设施不合适、展示形式不够充分等问题，需要进一步改进。而选择"不确定会不会去其他红色景区"的游客多为对武汉不太熟悉的外地游客，这提示我们要做好武汉当地的红色旅游景区宣传，帮助更多人了解、认识武汉及其光荣的历史和重要的地位，如此才会吸引更多游客主动参观，提升武汉的城市形象。

四、结论与建议

（一）结论

本次社会实践走访了武汉市内的4个红色旅游景区，以线下考察访问和线上、线下问卷调查的方式对红色旅游景区本身和景区游客进行了调查，以下将从3个方面对本次实践进行总结。

1. 武汉市红色旅游资源丰富，各景区积极开展庆祝建党 100 周年活动

武汉在中国近现代历史上的重要关头和转折时期多次成为全国革命中心，是中国共产党组织的重要诞生地和发祥地之一，是大革命中心和中共中央所在地，是人民军队建军的策源地，同时是第二次国共合作中心和 1938 年全国抗日运动中心，也是新中国成立后毛泽东同志离京外出居住次数最多的城市之一。因此武汉拥有众多的革命旧址，革命文物涉及各个历史时期，红色资源数量位居全省前列，“红色家底”十分深厚。

为庆祝中国共产党成立 100 周年，用好武汉红色资源，讲好武汉红色故事，2021 年，武汉市文化和旅游局不仅组织开展了“寻访英雄武汉红色记忆”红色旅游主题宣传教育活动，还围绕“英雄城市红色传承”主题，整合武汉近百处红色旅游资源设计了《武汉红色旅游手绘地图》，同时还联合交通运输部围绕红色场馆推出了 10 条“红色旅游公交专线”，并在地铁 1 号线、2 号线推出了“初心号”地铁红色专列。

这些活动的积极开展调动了游客参观红色景区的积极性。活动开展以来，武汉市民和外地游客通过线上观看红色直播、线下参观红色场馆、乘坐红色交通等多种形式追寻革命先辈足迹，感受红色文化熏陶，参与人数累计突破 3000 万人次。

2. 红色旅游景区展览形式丰富，新颖的方式吸引游客前往

各大景区的展览形式依然以传统的文字介绍和实物展示为主，但为吸引更多的游客前来参观游览并且带给游客更好的游览体验，多个景区在其展览形式上有创新之处。

八七会议会址纪念馆不断推陈出新、与时俱进，利用现代音画等先进技术带领观众沉浸式地重温历史。此外，该馆还首次推出了 VR 互动区，观众戴上 VR 眼镜，即可通过第一人称视角体验在敌人眼皮底下召开的中共中央紧急会议——八七会议会址的逃生路线。

辛亥革命博物馆同样注重运用技术手段重现历史细节。例如在展览“纪律建设永远在路上”中，策展团队用微缩场景展现了“黎明前解放军战士静静地露宿上海街头”的历史细节，使观众对人民军队“铁一般的纪律”有了更直观的了解。策展团队还运用 720°全景技术、网络通信技术、数据库技术等高科技手段，打造了全景虚拟展厅，使观众不仅可以在线下参观展览，还可以在家中使用移动设备欣赏各种虚拟文物图像。辛亥革命武昌起义纪念馆还推出了文创雪糕，

吸引了不少游客。从问卷调查的结果来看，除了历史文物的精神内涵，新颖的展览形式和新奇的文创产品也能带给游客更好的游览体验。

3. 红色旅游景区对游客有独特的教育意义

红色资源的珍贵价值，不仅在于它的历史光辉，更在于它在当下依然能带给我们思考和精神滋养。将红色资源活化利用，转变为旅游资源、精神养分，也是我们不懈探索的方向。通过调查结果我们可以看到，红色旅游景区对于游客而言是有教育意义和思想启发作用的，包括在一定程度上提升爱国情怀、丰富历史知识、提高思想觉悟。大多数游客是被革命历史所吸引自发来参观的，也有不少游客是由单位组织来参观的，但是绝大多数游客都表示参观是十分有意义的，并且可能会去其他红色景区。可见对于一处红色景区的游览往往可以在一定程度上激发游客对其他红色景区旅游的兴趣，直接带动红色景区旅游发展。

习近平总书记指出，革命文物承载党和人民英勇奋斗的光荣历史，记载中国革命的伟大历程和感人事迹，是党和国家的宝贵财富，是弘扬革命传统和革命文化、加强社会主义精神文明建设、激发爱国热情、振奋民族精神的生动教材。

红色旅游既是旅游产业的重要组成部分，也是特色文化工程，承载着塑造社会价值观、树立和坚定理想信念、增强文化自信的特殊功能。因此人们走进红色旅游景区，不仅因物因景，更因一份情感与文化的驱动力。本次调查的结果也表明发展红色旅游有利于强化爱国主义和革命传统教育，锻造民族精神，有利于保护和利用革命历史文化遗产，也为旅游业拓展了消费市场。

（二）建议

在对调查结果进行分析与思考后，团队提出了以下建议。

1. 政府相关部门方面

1）制度引领

应以制度规范加强红色文化资源保护，传承红色文化基因，使红色文化资源在管理、保护、利用、经费投入、人员配备等方面有制度可循，从而达到有效保护，合理利用和传承的目的。

2）加大扶持

应结合景区的具体情况，投入合理的经费，加强经费的管理，配备合适的人员，使红色景区的设施更加完备。

3）组织参观

党政机关有关部门可组织党员群众定期参加红色景区的参观学习，提高党员群众对红色文化和红色精神的认识，传承红色文化基因。

2. 景区方面

1）完善红色文化景区建设与保护

习近平总书记强调，红色资源是我们党艰辛而辉煌的奋斗历程的见证，是最宝贵的精神财富。景区应结合红色历史人物的故居旧址，建立纪念馆、博物馆，在完善地保护文物的同时，系统全面地反映红色历史与文化，厚植红色文化土壤，为民众缅怀先辈、教育后人提供良好的场所与平台。

2）加强红色文化品牌建设

红色文化是城市历史文化的重要组成部分，要充分发挥红色文化在提升城市文化品质中的独特作用，彰显城市文化魅力。可针对特定人群，定制旅游线路，研学游结合，实现红色文化遗产保护与旅游发展的双赢。

3）深挖红色文化展示的创新形式

随着时代的发展，单一的展示模式已无法适应民众游览的需求。景区可利用微缩的场景还原、全息投影等形式，直观而新颖地向民众传播红色文化。

3. 媒体宣传方面

1）真实宣传，传递内涵

媒体应本着客观真实的原则，宣传红色景区中的人物和相关事迹，以及背后蕴含的文化内涵和民族精神。

2）有针对性地宣传

对于不同的媒体平台的受众，应根据具体情况采取合适的宣传方式。例如在哔哩哔哩这种偏年轻化的平台可采用游览景区的 Vlog 的形式进行宣传，在抖音、快手这种全年龄段的短视频平台则可采用包含景区特色的混剪短视频的形式进行宣传。

3）提升吸引力

应建设红色文化资源数字化管理平台，开发并完善 VR、AR 体验产品等手段，打造更加具有吸引力、影响力的红色文化传播平台。

4. 文化教育方面

1）加强义务教育与红色文化教育的穿插与结合

习近平总书记指出，要抓好青少年学习教育，着力讲好党的故事、革命的故事、英雄的故事，厚植爱党、爱国、爱社会主义的情感，让红色基因、革命薪火代代传承。有关部门应将红色文化与国民教育体系相结合，使红色文化融入中小学校的日常教学活动中。可整理汇编红色文化读本，与课本并道而行，让民众从小接受红色文化的教育与熏陶。

2）加强对高等院校学生的红色文化教育

习近平总书记在考察北京大学时指出，人生的扣子从一开始就要扣好，青年的价值取向决定了未来整个社会的价值取向，而青年又处在价值观形成和确立的时期，抓好这一时期的价值观养成十分重要。在新时期，大学生是社会主义的建设者和接班人，高等院校应重视对大学生进行红色教育，丰富他们的精神文化内涵，使他们养成不畏困难、艰苦卓绝的奋斗精神。

第五部分

生态建设专题

城乡低碳环保工作的举措、问题与对策

——基于一市二县城乡环保实践的考察

沈华登　徐鸿伟　霍文迪[①]

一、调查实践的背景、目的及意义

社会的进步与生产力的发展改善了人类的生活居住环境，为我们的生活带来了极大的方便与快乐，这也是人类文明的进步与发展。但另一方面，我们也看到了更残酷的事实：地球上的固有能源在一天天地减少，环境也在一天天地遭受着污染。地球的生态在遭受着破坏的同时，我们的身心健康也正在受到极大的威胁。在此背景下，“碳足迹”“低碳经济”“低碳技术”“低碳发展”“低碳生活方式”“低碳社会”“低碳城市”“低碳世界”等一系列新概念、新政策应运而生，而我们也应该在此大浪潮下做些什么。

近年来，“低碳环保”一词频繁被提及，各行各业都在低碳时代展现着自己的环保意识，进行着自己的环保行动。为了加深对低碳环保的认识，提高低碳环保的意识，我们利用暑假时间，组队对于低碳环保相关问题做了相关调查。我们以查阅资料和调查宣传的形式，针对不同人群，深入社区、街道、商业区、旅游景点等场所进行调查。此次活动历时 7 天，通过这次活动，我们对于低碳环保的认识得到了进一步加深。

二、调查实践的内容与方法

为了向低碳环保事业贡献自己的一份力量，我们组的同学自发组成了一支环保小分队——“绿色先锋”，各自在自己的家乡开展起了与低碳环保相关的调查宣传活动。具体研究方法为：深度访谈法、量化问卷法、案例分析法。具体调查实践的内容如下所述。

---

① 沈华登、徐鸿伟均为华中科技大学机械设计制造及自动化专业 2019 级本科生，霍文迪为华中科技大学工业工程专业 2019 级本科生。

(一) 宜城市低碳环保的实践

(1) 我们对宜城市内多处街道、社区、商业区的环境卫生状况进行了实际调查,发现当地大多数人都没有及时把垃圾投入到指定的垃圾箱内,随手乱扔垃圾的现象随处可见。当地的垃圾箱一般分两格,一格是装可回收垃圾的,另一格是装不可回收垃圾的,一般人不能把垃圾正确地投入到垃圾桶中,当地既真正爱护环境又能了解物品回收规则的人更是少之又少。而在相对较窄的街道上,由于清洁设备的不完善,那里的环境状况更令人担忧。

(2) 我们对宜城市的主河流进行了实地调查,发现由于人们保护环境的意识比较薄弱,有不少人把生活垃圾都倒到了河边,主河流被众多的生活垃圾所污染。河边的垃圾大都是一些废弃塑料制品,这些垃圾很容易被雨水冲到河里,从而使河水受到污染。

(3) 我们在宜城市开展了街头环保行动,依据之前收集的各种资料整理制作了一份环保宣传单,然后在街上进行分发宣传,希望能对提升当地的环保意识起到推动作用,同时扩大我们此次环保行动的影响。为了更好地了解当地的环保情况,我们对民众进行了环境保护问卷调查,也身体力行地为街道做了清洁工作。

(4) 我们对于宜城市低碳环保实践的其他调研如下:一是对于宜城市旅游景区张自忠将军纪念馆的环保调查;二是对当地农村的环保调查;三是利用空闲时间对学生进行的环保宣传教育。

(二) 湖丰镇低碳环保的实践

我们对农村环境进行调查后发现,农村地广人稀,地形差异大,特别是住所偏远的独户甚多,交通十分不便,因此垃圾集中处理的难度很大。很多农民缺乏环保知识,不知道如何保护环境。在农村,农民的日常行为直接关系到农村的环境状况。我们调查了与当地环保相关的以下 4 个问题。

(1) 如何处置废电池? 电池对于土壤和水的污染巨大,且电池污染具有很强的渗透性,可以轻易污染农作物和水生生物,破坏人类的生存环境,威胁人类健康。在调查中有这样一个问题:“废铁、废玻璃、废电池丢弃在土壤里,哪一项对环境危害最大?”调查结果显示,有 26 人认为废电池的危害不是最大的。我们通过调查得知,大多数村民在平时的生活中对于废旧电池都是随手丢弃。有许多人虽然能够意识到废电池的危害,但可能会因图方便、嫌麻烦而选择了不利于环保的行动。

(2) 如何处置秸秆? 现在农村有不少农民为了抢农时、图省事,将收获后的秸秆一烧了之。秸秆焚烧过程中产生的浓烟会对大气环境造成污染,危害人体健康，影响交通安全。我们在调查中问道：“你认为焚烧秸秆会对环境造成污染吗？”调查结果显示有 23 人回答“不清楚”，10 人回答“不会造成污染”，两项合计人数 33 人。我们还调查了当地人对于秸秆的处理方式，结果大部分受访者回答“在田地里焚烧掉”，可见当地焚烧秸秆的问题比较严重。

（3）如何处置废弃的农药瓶、农药塑料包装袋？如今残存的农药用具已经成为农村环境的主要污染源，其主要危害是其中的农药残留渗入土壤，流入河流池塘而形成污染，威胁农产品的质量安全，甚至造成人畜、鸟类中毒。我们在调查中问“你如何处置废弃的农药瓶”时，回答“随手丢弃”的有 33 人，“随生活垃圾堆放”的有 30 人。可见在当地，废弃农药瓶、农药塑料包装袋造成的污染还是比较严重的。

（4）如何正确使用农药，避免环境污染？农药使用不当或滥施农药，不仅会污染大气、土壤和水源，也会直接和间接地威胁到农产品质量安全。农药残留是蔬菜产品质量安全的最大隐患。由于气候变暖、害虫猖獗，被调查者普遍反映“不使用农药不行”。蔬菜生产中，使用农药后的安全采摘期因农药品种、蔬菜品种、季节等不同而不同。一般来讲，叶菜收获前的禁用期为至少 7 天，茄果类、瓜类蔬菜的禁用期为至少 2 天。我们在调查中询问：“施过农药的蔬菜何时可采摘食用？”有 73.5％的被调查者能回答正确，这说明大多数农民是了解相关要求的。当我们询问：“自己食用的蔬菜也使用农药吗”时，有 80％的人回答“不使用农药或很少”。由此可以发现，农民对农药的使用正愈益规范，其对于环境造成危害的潜在风险较小。

（三）分路镇低碳环保的实践

近年来分路镇发展迅速，当地人生活的各个方面都发生了巨大的变化。105 国道穿境而过，以及近年来 G020 京福高速公路等的开通，使得分路镇得到了飞速发展。然而经济的快速发展也带来了一些负面影响，特别是环境的恶化：昔日的青山绿水和蓝天不见了踪影；山上的树木锐减，荒山裸露；还有随着人们生活水平的迅速提高，日常生活垃圾开始爆炸式增长。然而当地人的环保意识普遍还比较薄弱，很多人依然保留着垃圾随处倒、“怎么方便怎么来”的生活恶习，结果导致农村的生活环境已经变得惨不忍睹，到处垃圾成堆，尤其是各种“白色垃圾”随处可见。此外，虽然当地工业发展迅速，但有关部门尚未转变重经济而忽略环境保护的旧发展思路，存在可持续发展观贯彻落实不到位的问题，这就导致当地工业污染加剧，河流污染严重。总之，当地的农村环境正在不断恶化之中，其现状如下。

1. 生活垃圾污染较为严重

当地农民的环保意识较差，农村生活环境“脏乱差”现象突出，“柴草乱堆、污水乱流、粪土乱丢、垃圾乱倒、杂物乱放、畜禽散养”等问题普遍存在，这不仅影响了镇容村貌，还对大气、地表水和地下水造成了一定的污染。

造成这种现象的原因之一是垃圾成分发生了很大变化。以前农村产生的生活垃圾是可以就地化解、循环使用的，现在农民的生活水平提高了，生活方式发生了很大的变化，因而塑料和电子废弃物等难以降解的废品占比越来越大。

另一个重要原因是农村成了城市垃圾的转移地。由于农村空间广阔、管理松散，往往成为城市转移生活垃圾、建筑垃圾、有毒有害工业垃圾、医疗卫生垃圾的选择地。

此外，村镇布局不合理也是当地生活垃圾污染较为严重的原因之一。当地基本上没有环卫基础设施、垃圾收集房等基本配套设施，绝大部分生活垃圾未能实现无害化处理，这就导致某些乡镇（特别是中远郊农村）产生的生活垃圾多在生活区、生产区、农田、河边等处堆积。

2. 水危机问题凸显

当地的水危机主要体现在饮用水方面和农业用水方面。在饮用水方面，虽然当地主要饮用蓄积山泉供应的自来水，因此饮用水目前还未受过污染，饮用水水质目前还算合格。但不排除在工业污染严重的情况下，污染物经过雨水而汇入自来水供应系统内，危害人们的健康的可能性。在农业用水方面，由于当地工业的迅速发展，河流水在一定程度上已经受到污染，难以直接运用于农业生产。地下水因过度开采而水位下降，难以满足农业灌溉的需要。其他方面也存在大量的问题，主要表现在：农村生活污水处理设施严重不足，污水基本处于无序排放状态；沿河、湖圩区灌溉水受到工业污染和生活污染；农业退水污染（主要是因化肥、农药的大量使用所致）。此外，集约化养殖业对水环境的污染问题也日益凸显，畜禽粪尿直接排放、生活垃圾随意丢放的现象进一步加剧了水体污染。

3. 空气污染问题依然严峻

当地虽处于乡下且总体植被覆盖率较高，但空气已经受到污染，这主要有两方面的原因。一方面，当地冶炼、化工企业的发展较快，但这些公司大都没有在污染治理方面尽到自己的职责。如果再任其发展，不加以治理的话，在不久的将来每况愈下的空气质量将成为当地人民的“隐形杀手”。另一方面，就是农忙季节的农作物秸秆的焚烧。由于当地耕地有限，难以形成规模化秸秆的集中回收再利用机制，因此农民还是普遍采取传统的直接焚烧法。每年一到收后种前，为了抓时抢种，农民往往就在田间地头、路旁采取放火焚烧秸秆的方法。秸秆焚烧时烟雾弥漫，浮尘滚滚，不仅浪费了资源、破坏了土壤结构，还污染了农村和市区的空气，影响了公共交通安全。虽然秸秆焚烧是季节性的，但大量的秸秆集中焚烧，对空气造成的污染也是不可小觑的。

4. 农民的环境知识较为缺乏

通过调查，我们发现很多农民对于低碳环保的知识缺乏了解。例如，目前已经确立的环保纪念日有 10 多个，我们选择与农民和农业生产密切相关的三个环保纪念日——“世界环境纪念日”（6 月 5 日）、“土地日”（6 月 25 日）和“植树节”（3 月 12 日）作为调查项目。在 80 位被调查村民中，对上述纪念日不知道的人数分别占总人数的 95.3%、96.8%和 5.07%；对“工业三废”的理解完全正确、不完全正确和完全不正确者分别占总人数的 10.1%、38.1%和 51.8%，可见多数村民并不了解“工业三废”的危害。此外，在 80 位被调查者中知道燃烧秸秆会加剧温室效应的只有 55 人，占全部被调查人数的 68%，等等。

三、调研实践的分析与结果

经过此次实践活动，我们发现很多人的环保意识还有待提高。我们总是形容地球为我们的“母亲”，而如今的情况就是日益恶化的环境正在威胁着我们的地球“母亲”。人们总是以为地球上的资源是无限的，但是人们的过度浪费，已经使这些“无限”的资源逐渐变得“有限”。也许我们现在感觉不到环境恶化带来的威胁，但我们必须为子孙后代考虑，必须了解环境恶化的危害以及环保常识。

环境污染既会给生态系统造成直接的破坏，也会给生态系统和人类社会造成间接的危害，有时间接的环境效应的危害比直接危害造成的后理更严重，也更难消除。例如，温室效应就是由二氧化碳大量排放所导致的大气污染衍生出的环境效应。这种由环境污染衍生的环境效应具有滞后性，往往在污染发生时不易被察觉或预料到，然而环境效应一旦被察觉，就表示环境污染已经发展到相当严重的地步。当然，环境污染的最直接、最容易被人所感受的后果是环境质量下降。环境质量下降会直接影响人类的生活质量、身体健康和生产活动。例如城市的空气污染会造成空气污浊，进而导致人们的发病率上升等。严重的污染事件不仅会带来健康问题，也会造成社会问题。随着污染的加剧和人们环保意识的提高，由污染引起的社会问题和冲突逐年增加。每一个环境污染的实例都可以说是大自然对人类敲响的一声警钟。为了保护生态环境，为了维护人类自身和子孙后代的健康，必须积极防治环境污染。为了做好环境污染的防治工作，我们每一个公民都必须努力增强环境意识：一方面要清醒地认识到人类在开发和利用自然资源的过程中，往往会对生态环境造成污染和破坏；另一方面要把这种认识转变为自己的实际行动，积极参加各项环境保护活动。

四、结论与建议

通过此次实践我们了解到，环境污染已经到了不可忽视的程度，环境保护也到了刻不容缓的地步，在今后的发展中，环保问题毫无疑问是重中之重。因此，必须注意以下 4 个要点。

(1) 在个人层面，要切实加强公民的环保意识，养成爱护环境的习惯，从小事做起，呵护我们周围的环境，践行环保举措。

(2) 在社会层面，要加强对于环保的宣传，使人们意识到环保的重要性，并自觉加入环保运动中。

(3) 加大对于环保产业的资金投入，加快推进环保工程的建设，推进能源革命，建设清洁低碳、安全高效的能源体系，提高能源供给保障能力。

(4) 农村生态环境建设是一项功在当代、利在千秋的系统工程。有关部门在制定与实施农村生态环境建设各项措施过程中，应坚持统筹规划，突出重点，量力而行，分步实施。要坚持以预防为主，治理与保护、建设与管理并重，除害和兴利并举，做到“边建设，边保护”，使各项生态环境工程发挥长期效益。要坚持把生态环境建设与产业开发、农民脱贫致富、区域经济发展相结合。要坚持依靠人民群众，广泛动员全社会的力量共同参与，建立多元化的投入机制，多渠道筹集生态环境建设资金。

大型企业污水处理的方式、问题与对策
——基于对苏州市盛泽镇纺织产业情况的调查

孙劲垚　顾恒嘉　过尧　姚陶然①

一、调查实践的背景、目的及意义

党的十九大报告指出，建设生态文明是中华民族永续发展的千年大计，必须树立和践行绿水青山就是金山银山的理念，坚持节约资源和保护环境的基本国策，像对待生命一样对待自然环境。苏州市盛泽镇作为一个拥有悠久历史的丝绸纺织名镇，在改革开放后的民营经济快速发展的浪潮中，成功地发挥出特有的区位优势，跻身全国十大经济强镇。今天的盛泽镇是我国最大的纺织品制造基地和国家级面料出口基地之一。全镇面料总产量占全国的25%，其中化纤面料产量占全国的70%。同时，环境污染问题在过去的一段时间内制约着盛泽镇的可持续发展，昔日的鱼米之乡被污水所困扰。面对日趋严峻的形势，中共盛泽镇党委、盛泽镇人民政府果断出击，围绕污水处理基础设施建设和印染厂集中搬迁等关键问题，积极行动，使镇区的水质逐渐达到太湖流域标准。

盛泽镇的丰富实践，是对党的十八大提出的“推进生态文明建设”的鲜活注脚。了解盛泽镇的污水治理经验，有助于了解党和政府对社会资源的强大调配能力，从而坚定自信，在实践中更好地融入社会。

二、调查实践的内容与方法

（一）调查内容

（1）前往盛泽镇联合污水处理厂调查镇区污水处理的情况。

---

① 孙劲垚为华中科技大学法学专业2019级本科生，顾恒嘉为华中科技大学集成电路与集成系统专业2019级本科生，过尧为华中科技大学物理学专业2019级本科生，姚陶然为华中科技大学光电信息科学与工程专业2019级本科生。

(2) 向盛泽镇经济发展办公室了解吴江纺织循环经济产业园建设的情况。

(二) 调查方法

调查方法有实地观察法、深度访谈法等。

三、调查实践的结果与分析

(一) 关于污水处理对象的分析

目前，盛泽联合污水处理厂分为联合 4.5 万吨/日工业污水处理厂和联合 3 万吨/日生活污水处理厂两部分。工业污水实际日处理量为 3.5 万吨，其中印染废水 1.5 万吨、喷织污水 2 万吨，生活污水实际日处理量为 2.5 万吨左右。

目前污水处理厂处理的工业污水的占比仍大于生活污水，但处理流程和治理体系更稳定。工业污水的处理方法在生活污水处理方法的基础上稍有变化。盛泽处理厂主要的工业废水处理对象包括宇泽、隆涛、东宇、盛利、祥盛、旺申等 12 家印染企业的印染废水以及喷织废水。工业污水中可能包含重金属等无机污染物和有机污染物，盛泽处理厂处理工艺为“调节池、气浮、厌氧、好氧、二沉、絮凝沉淀”，出水可稳定达到江苏省地方标准《太湖地区城镇污水处理厂及重点工业行业主要水污染排放限值》(DB 32/1072—2007)纺织印染工业的要求。工业污水的处理技术，对应着处理后的水质和用途。有效处理和利用工业用水，提高二次利用率，可以大大减少生态污染，也节约了国家的开销。目前我国在工业污水处理上的最大问题是工业污水的污染规模大，需要处理的污水规模也很大。污水处理资金的短缺，使得污水处理不达标的情况时有发生。盛泽联合 4.5 万吨/日工业污水处理厂总投资 6500 多万元，占地面积 105 亩。该厂采用先进的工艺，有效提高了污水处理效率。工作人员跟我们强调说，整个流程通过一体化的中控室严格把关，以确保污水处理机制的有效运行。

生活污水处理厂主要服务于盛泽中心城区，服务区域为南至南二环路、东至红溪河、北至盛震公路、西至西环路(服务区域内有 17 个大型小区以及 4 个大型商业区)。这一服务区域主要位于城区，只有小部分位于农村地区。城市用水量较大，但居民的环保意识普遍较强，当地生活污水的排放与回收已经形成了有条不紊的体系。处理厂也很重视生活污水的处理，因为这部分污水中有很多要循环利用，所以净水的质量要切实得到保障。盛泽联合 3 万吨/日生活污水处理厂总投资 3500 多万元，占地面积 45 亩，处理工艺采用同济大学设计的“曝气沉砂池＋改良 AAO＋二沉＋絮凝沉淀＋转鼓过滤＋紫外消毒”，出水可稳定达到《城镇污水处理厂污染物排放标准》(GB 18918—2002)一级 A 标准。当地以高投入、大规模、先进技术三管齐下,保障了生活污水的高质量回收处理,使人们的生活质量得到保障。

由此我们联想到如今的农村仍存在污水处理的难题。一方面,农村的污水治理经验不足,投入不够,管理薄弱。各部门间存在推诿责任,缺乏配合的现象,相关部门对农村污水治理问题的重视程度也不够。农村还缺少有经验、水平高的专业人才。另一方面,农村人的环保意识相对淡薄,部分人仍持有“经济大于环境”的错误观念。在当前形势下,加大投入以完善农村污水治理体系与治理设施刻不容缓。“绿水青山就是金山银山”的思想应当进一步引起人们的重视。污水排放要遵守规则,对于不达标、乱排放的现象要严惩不贷。污水处理绝非面子工程。工业污水与生活污水的处理应当统筹兼顾,合理完善。

(二) 关于污水治理方式与流程的分析

盛泽处理厂讲究一个“对症下药”。对于工业用水,处理工艺为“调节池、气浮、厌氧、好氧、二沉、絮凝沉淀”。对于生活污水,处理工艺采用同济大学设计的“曝气沉砂池+改良 AAO+二沉+絮凝沉淀+转鼓过滤+紫外消毒”。

我们通过实地调研了解到,处理污水的基本流程主要包括筛格分离大块垃圾;厌氧池发酵、去环、以泥为载体吸附细菌;好氧池中加入好氧菌;沉淀池;深化出水池;反应池氯化铝聚化泥水分离产生的污泥并由热电厂焚烧;悬浮物过滤;紫外线消毒;加入次氯酸钠灭杀大肠杆菌;出水等。工业污水处理流程应在此基础上增加气浮池以形成高分子,好氧池应分为两个并加入弹性填料。

污水处理流程中的曝气过程可以有效处理 N、P 等有机污染物,沉淀污泥,控制 SS 含量。在厌氧池中,TN 和 TP 的含量可以得到控制。缺氧—厌氧—好氧的循环处理过程,有利于微生物的生长,也限制了沉淀物的膨胀,保证了 COD 的数值达标。热电厂负责焚烧反应池氯化铝聚化泥水分离产生的污泥,并对处理产生的污染物做进一步处理,防止二次污染产生。紫外线消毒与次氯酸钠消毒是保障出水达标的最后一道保障。曝气沉砂池+改良 AOA+二沉的过程属于较为先进、稳定的工艺,既强化了 N、P 的去除效果,有效去除了 SS,也优化了次氯酸钠的投放量,使得水在得到净化的同时,安全性更高。以上污水处理流程确保了当地污水全年 100%达标排放。

除了工艺的提高,进水与排水的处理也需要重视。尤其是进水方面,看似与公司关系较远,但也不能忽视。当然,政府环保部门也需要和公司通力合作,督促排污口、排污管道的合理建设与运行。

当地从多层次出发,一手抓源头,投入开发智慧印染研究中心,从源头上减轻印染污水排放造成的污染威胁;一手抓治理,扩大污水处理规模,研究治理污水的高效科技。印染废水高效利用试孵化工程站在了产业前沿,是当地探索低成本、高回收率的治污新方案。

（三）关于处理残余污泥的分析

在纺织循环经济产业园中，污水处理厂的污水处理过程、各印染企业的废水预处理过程以及中水回用工程都会产生大量的污泥，如何处置它们成了产业园需要解决的重要问题之一。

据了解，现行的污泥处理方法主要有直接填埋、土地利用、焚烧、干燥 4 种方法。应注意的是，污泥填埋后会产生渗滤液和气体，如果选址不当或是运作不当，容易造成地下水的污染；而释放气体的主要成分是甲烷，如果不采取适当的措施，可能会引起燃烧和爆炸。因此直接填埋法有很大的生态风险。而土地利用主要指的是将污泥用于土壤修复，这种方法对于污泥的种类有一定的要求。

焚烧是最彻底的污泥处理方法之一，它能使有机物全部碳化，杀死病原体，可最大限度地减少污泥体积。污泥干燥是应用人工热源对污泥进行深度脱水的处理方法，亦可减少污泥体积，同时能在一定程度上抑制污泥中的微生物活动。

在综合考虑经济效益和生态风险后，产业园决定采取焚烧的处理方法。由江苏东方盛虹股份有限公司盛泽热电厂承建，于吴江纺织循环经济产业园内建成 4 台 100 吨/小时焚烧污泥循环流化床锅炉，泥煤掺比为 2∶1，并配置背压式汽轮压缩机 4 台，和除尘、脱硝、消白等烟气治理设施。项目总投资 6.3 亿元，项目用地 130 亩。焚烧污泥循环流化床锅炉取代了盛泽热电厂旧有的 4 台 100 吨/小时煤粉锅炉，可为产业园提供大量蒸汽供热，并为印染企业的定型机提供中压蒸汽。新式锅炉建成后，产业园就取缔了导热油锅炉。经测算，项目可提供中温中压蒸汽 160 万吨/年，低温低压蒸汽 80 万吨/年，压缩空气 20 亿标准立方米/年。

该项目的实施充分体现了产业园的统筹能力。在废物利用、循环经济的浪潮下，产业园成功地将污泥处置与园内供能结合，不仅降低了污水处理残余污泥对于环境造成的风险，也在能源方面收获了较高的经济效益。

（四）关于监控废气排放的分析

产业园内的印染企业在排放污水的同时，也会排放大量废气。而热电厂、污泥处置设施也是废气的重点排放源。园区早期采用单纯的末端排放监测法，运作效率低下，同时也忽视了废气处理过程中潜在的泄漏等隐患。个别企业曾在深夜偷排偷放，监管部门也难以迅速执法。在吸取了早期的经验教训后，针对本地区环境监管工作“点多、面广、量大”的特点，吴江纺织循环经济产业园启用了新的有机废气污染源全过程监控系统，充分结合当地环保实情，运用过程监测＋末端监测的组合拳，实现了对全区“全方面、全天候、全时制”的全过程云监控，大大提高了监管效能。

该项目总投资6000万元，覆盖了园区内226家涂层企业的649条生产线和220套废气处理装置，减少了全区约20％VOCs排放量，同时居民举报信访数量明显减少，生活环境显著改善。有机废气污染源全过程监控系统主要由工况实时采集系统、VOC在线监测系统、监控平台三部分组成。其中工况实时采集系统主要采集企业的生产线和回收装置的实时运行数据，如电流、温度、车速等，根据判断规则实时计算与分析企业是否存在不按规定运行废气处理装置的违规违法行为，并对数据进行永久记录以便日后随时追溯查询。VOC在线监测系统采用了PID光离化检测原理，该检测原理成熟稳定可靠，可对几乎所有的挥发性有机气体响应，可快速检测出污染源排放口的排放浓度情况；当检测到的浓度超过设定阈值时，该系统会报警提示企业，如果超标持续1小时以上，该系统连接的监控平台会报警并自动下发工单到指定执法队。监控平台按照统一架构、资源整合、信息共享的原则设计开发，结合当地地理信息进行全面综合展示，利用大数据分析技术对所采集的海量数据进行综合分析并深入挖掘，从而更有效、准确地对污染源排放情况进行科学分析并寻找规律，提高管理水平和能力。

该项目充分利用了物联网、大数据等技术，实现了对于污染源的全过程监控，弥补了早期单纯末端排放监测的不足，可以有效控制园区废气排放量并改善园区环境质量，为推进污染治理提供了坚实的数据支撑。

四、结论与建议

（一）调研结论

吴江纺织循环经济产业园明确了长三角“一极三区一高地”的战略定位，作为江苏省产业园区生态环境政策集成改革的试点，该产业园对生态绿色一体化建设有着很高的要求。在不断提高纺织业水平和产业竞争力的同时，该产业园不忘促进生态文明建设，将产业园建设成长三角绿色、创新、时尚一体化发展的先行先导示范园区，且已有不错的成果。

通过引进先进技术和装备，发展先进智能印染，吴江纺织循环经济产业园逐步向着“产业有序集中、土地集约使用、装备技术先进、公共设施共享、资源循环利用、生态良性循环”的印染行业标杆园的目标迈进。该产业园通过统一规划、统一管理，构建了“废水中水回用、污泥焚烧发电、电厂余热供汽、废布（丝）

再生利用”的循环化改造示范园。在未来几年里，分散的30余家印染企业也将会分批迁入园区。

该产业园将以水为脉，保护水生态、提升水品质、做好水文章作为重点。为了促进绿色人文和创新功能，该产业园积极推进入园印染企业装备智能化、原料无害化、生产洁净化、废料资源化、能源低碳化。产业园用燃机热电供应低压蒸汽、焚烧污泥供应中压蒸汽，取缔了燃煤锅炉。吴江纺织循环经济产业园将会是可推广、可复制的示范园区。

（二）政策建议

首先，我们了解到，在道路、桥梁建设方面，产业园仍需寻找解决方案。目前产业园可供建设的项目用地几乎是“无路可走”，而进一步的道路、桥梁建设规划将有助于解决当下的问题。若相关部门能向相关专家咨询，并在产业园的后续规划中考虑到交通问题，将会大大提高产业园的发展前景。

其次，产业园还面临着中石化输油管道改建急需推进，以及燃机热电项目的天然气管道尚未落实的困境。相关事项涉及地块约350亩，且已涉及盛虹地块。目前，按当地政府与中石化南京输油处的协议，已支付1700万元，占总金额的55%，但进展十分缓慢，且省能源局批文尚未下达。此外，拟建汾湖天然气门站所需10亩用地以及管线目前均未落实。相关部门应当重视该方面基础设施的建设，以此助力产业园的发展。

再次，工业水厂用地急需解决。纺织业对用水有大量需求，因此工业水厂是必不可少的。当前产业园方已经拟定了方案，之后的相关建设还需要多方部门的统筹参与。污水治理的综合性较高，应当采取多方谋划、协商合作的方式，共同解决好工业用水问题。

水生态环境保护的显示成效与提升路向

——基于武汉市水生态环境的实地调研

王鸿滨　钟　箫　刘　杨　段治安　李坤泽　宁亦可　张化雨　刘鸿飞[①]

一、调查实践的背景、目的及意义

(一) 调查实践的背景

党的十八大将生态文明建设纳入中国特色社会主义事业总体布局,使生态文明建设的战略地位更加明确。党的十九大指出,坚持人与自然和谐共生,必须树立和践行绿水青山就是金山银山的理念,坚持节约资源和保护环境的基本国策。武汉市江河纵横,水网密布,水资源丰富,水生态的状况与武汉市的各项发展以及居民生活密切相关。为了更好地贯彻落实习近平总书记关于社会主义生态文明建设的一系列重要论述,我们决定对武汉市水生态环境进行调研。

(二) 调查实践的目的和意义

武汉市是我国超大城市,是中部六省唯一的副省级城市,人口众多,同时也是我国重要的工业基地。在武汉,人们每天生活生产所排放的污水是巨量的,这些污水如果不加以全面有效地收集处理,任其排入自然河流、湖泊,将会对武汉市整体水生态环境以及武汉市居民的生产生活造成不可估量的破坏。武汉市水网密布,江河湖泊众多,素有“百湖之城”之称,了解武汉市水生态环境现状,认识武汉市水环境污染的来源以及武汉市相对应的污水治理措施,能够让我们对于当前武汉市水生态环境所面临的问题,以及水生态环境未来的发展趋势有更好的认识,进而在实践调查中以小见大,增进我们对于我国水环境保护、可持续发展理念等政策和思想的理解,提高环保意识和责任感。

我们这次社会实践的主题是武汉市水生态环境调研,主要以东湖、南湖为

---

① 王鸿滨、钟箫、刘杨、段治安、李坤泽、宁亦可、张化雨均为华中科技大学自动化专业 2019 级本科生,刘鸿飞为华中科技大学光学与电子信息专业 2019 级本科生。

考察对象，进行实地调研。我们通过实地考察走访、询问有关人员等形式，了解两水域水生态环境的有关情况。同时我们联系武汉市生态环境局、武汉市水务局等政府机构的有关工作人员，获得更详细的水质数据，并经由相关人员安排，对武汉市汉西污水处理厂进行参观学习，希望能够借此进一步了解水生态保护的相关政策以及污水处理的具体流程，更全面地了解武汉市水生态现状及其治理举措。

二、调查展开与结果分析

我们本次的实践调查活动内容主要包括对东湖、南湖两水域进行实地调查，查阅资料收集水质数据并进行分析，以及对汉西污水处理厂进行参观学习。

（一）水质数据分析

为了解武汉市水质现状以及变化趋势，我们需要获得足够的真实数据。在武汉市生态环境局工作人员的帮助之下，我们收集到了自 2013 年以来武汉市水务局发布的《武汉市水资源公报》，以及部分年份的《武汉市水环境状况》，这些资料中有助于我们直观详细地了解武汉市江河水质、湖泊水质、大中型水库水质等全方位的水质情况。在对这些资料进行查阅分析之后，我们了解了武汉市的水质概况，以及武汉市河流、湖泊等不同种类水资源水质的变化趋势。

1. 江河水质

武汉市有关部门根据《地表水环境质量标准》(GB 3838—2020)将本地水质类别从优到劣分为Ⅰ、Ⅱ、Ⅲ、Ⅳ、Ⅴ共五个类别。我们以达到或优于Ⅲ类水作为标准，将武汉市自 2013 年来江河水质监测结果进行汇总，如表 1 所示。

表 1　2013 年—2020 年武汉市江河水质监测数据汇总

年份	2013	2014	2015	2016	2017	2018	2019
Ⅲ类水以上江河段占比	70%	63.6%	72.7%	72.7%	81.8%	72.7%	80%

这其中，2018 年以前江河水质监测目标为武汉市主要江河，除 2013 年未将巡司河纳入监测范围之外，其余年份均监测长江、汉江、举水、倒水、沙河等 11 条主要河流。2019 年至今江河水质监测目标改为长江、汉江及 9 条支流的 30 个断面，更加精确具体，体现出了政府在江河水质监测治理方面更加精准、更加有针对性的转变。从以上结果可以看出，武汉市江河水质总体呈现稳中向好的趋势。

2. 湖泊水质

湖泊水质的分类标准与江河水质相同，从水资源公报中可以获取按湖泊个数、湖泊面积分别进行统计所得到的水质监测结果。我们同样以达到或优于Ⅲ类水作为标准，将湖泊水质监测结果汇总，如表2所示。

表2 武汉市2013—2020年湖泊水质监测数据汇总

年份		2013	2014	2015	2016	2017	2018	2019	2020
Ⅲ类水以上湖泊占比	按个数	22.4%	16.3%	16.3%	16.3%	12.5%	10.2%	6.75%	14.6%
	按面积	65.1%	57.8%	51.7%	35.8%	31.1%	37.5%	36.82%	42.7%

从以上数据可以看出，武汉市湖泊水质不容乐观。2013—2017年间，Ⅲ类水以上的湖泊面积呈现出逐年下降趋势，且下降幅度较大。而2017年以后水质有所好转，2017—2020年间Ⅲ类水质以上的湖泊面积增长了超过10个百分点。据统计，与2019年相比，2020年武汉市有62个湖泊水质好转，占监测湖泊总数的38.3%；另有94个湖泊水质保持稳定，占比58.0%；其余监测湖泊中有6个湖泊水质下降，4个湖泊未做比较。

3. 水库及饮用水水源地水质

除江河、湖泊外，武汉市9座大中型水库的水质均保持稳定，常年保持8座以上水库的水质达到或优于地表水环境质量Ⅲ类标准；主要饮用水水源地及公共供水场的水质保持稳定，常年保持Ⅲ类以上、全部达标的状态。

4. 中心城区生活污水处理率

生活污水处理是一个城市水污染治理中很关键的一环，生活污水的收集处理率能够显示出一个城市的污水处理能力。污水处理能够提高水资源的利用率，极大减轻生活污水对于自然生态环境的危害。我们收集了2012—2018年武汉市生活污水的收集处理率，如表3所示。

表3 2012—2018年武汉市中心城区生活污水收集处理率

年份	2012	2013	2014	2015	2016	2017	2018
处理率	92.5%	92.9%	93.8%	95.1%	95.6%	96.0%	96.5%

从表3中的数据可以看出，自2012年起，武汉市中心城区生活污水收集处

理率稳步上升，至 2018 年时已达 96.5%，即实现了绝大多数的生活污水的收集处理。

（二）实地参观学习汉西污水处理厂

我们于 2021 年 7 月 8 日上午参加了武汉市汉西污水处理有限公司所开展的开放日活动，与湖北广播电视台小记者团一起对污水处理流程、处理工艺以及出水水质标准进行了了解，并参观了污水处理厂的全景沙盘以及部分构筑物。

在正式参观污水处理设备之前，解说员李工程师向我们详细说明了一些有关污水处理的基本知识。城市中污水的主要来源有生活污水、工业废水与城市径流污水，其中包含大量的污染物（包括但不限于一些不溶物），排入河流时会导致水体富营养化等危害。污水中还含有一些致病微生物，若不进行处理直接排放，将会对城市居民日常生活与城市的发展造成巨大危害。一般的污水处理按处理程度和处理手段的不同主要分为三级。一级处理主要运用的是物理处理手段，目的是将污水中的不溶物颗粒进行初步筛除。二级处理主要运用的是生物处理手段，培养专属微生物针对污水中的有机物进行吸附代谢，进而将其分解为对环境无害的物质。三级处理则主要运用化学处理手段，使用一系列化学药剂与精密过滤器达到杂质过滤和杀菌消毒的目的。最后只有符合国家污水处理排放标准的再生水才能进行排放。汉西污水处理厂达到了国家污水处理排放最高标准一级，并且承担了整个武汉市约 1/6 的污水处理工作，是武汉市污水处理的核心之一。

在全景沙盘处，我们见到了整个汉西污水处理厂的全貌。全景沙盘中的每个部分都配有简短的说明，而且相应的部分会以 LED 灯亮起的形式为我们指明该部分所处的位置，使得我们对汉西污水处理厂有了一个初步的印象。随后，我们便跟随解说员一同前往污水处理设备处进行更深入的了解。

我们首先到达的是二沉池。二沉池主要负责对生物反应后的混合液进行固液分离，确保出水达标。二沉池为圆形辐流式沉淀池，我们所看到的景象是外圈有污泥输入，内圈则是表面已比较澄澈的处理水，而处于反应池最中间的则是综合井及污泥泵房，由其输送污泥。

之后我们来到了改良 A/A/O 生物反应池，此设施是污水处理关键性构筑物，在厌氧池（A 池）、缺氧池（A 池）和好氧池（O 池）形成的组合池中生长有活性污泥微生物。该池利用微生物菌群的不同功能，对污水进行生物脱氮除磷，同时去除污水中的有机物。

离开生物反应池，我们来到细格栅间以及曝气沉砂池，池中的污水泥沙含量远胜之前综合井中的污泥，此设施的功能是初步去除污水中颗粒较大的污染物。随后我们前往粗格栅间及进水泵房,由于在此进行的是污水处理的第一步,其中输入的污水均为未处理的城市污水,气味较为刺鼻,所以该设施在设计之初便为二层楼高,以方便工作人员过路。我们在观察时可以看到污水中漂浮着许多杂物,而这一步的目的就是将一些较大的杂物去除,方便后续净化污水。我们之后又来到了高效沉淀池,但是由于此处正在施工中而无法进一步参观,只能听解说员讲解与看展示牌了解。这部分设施负责污水处理的三级处理,采用高效的机械混合和絮凝,能够有效去除污水中的大部分悬浮和呈胶状体的污染物。参观的最后我们来到的便是尾水泵房,在这里,经净化处理过后的再生水缓缓排入李家墩明渠,最后再进入水系统中。

三、结论与建议

(一)调研结论

回顾我们的实践历程,通过对东湖和南湖的实地考察,我们现场观察了两湖的环境状况,沿湖发现了各种形式的水污染治理举措,无论是环卫工人及时地清扫,还是水面上工作人员的辛勤打捞,抑或是公示于众的各项大型综合治理举措,无不显示出政府机构以及社会各界对于水污染治理的关注和热忱,无不显示出武汉市保卫湖泊水环境、护卫城市山清水秀的决心和行动力。放眼全国,近年来,我国广泛推行湖长制和河长制,全国一百多万名河长、湖长上任履职,齐心协力,分工合作,将水污染治理工作落到了实处。按中央部门指示,各地广泛开展清“四乱”,针对乱占、乱采、乱堆、乱建这 4 类河湖问题采取有力措施,并着重治理水污染。而在我们对于东湖及南湖周边居民的随机走访中,多数受访者也肯定了近些年来武汉市水污染治理所取得的成效。无论在哪里,群众的眼睛都是雪亮的,周边居民的认可,是对于水污染治理工作最好的肯定。能够实现可持续发展,能够让人民的生活环境优美宜人,也就达到了水污染治理的目的,这正是环境保护的意义。

我们对于所收集资料的分析结果表明,武汉市内江河水质基本稳定,而湖泊水质起初呈现下滑趋势,水质达到或超过Ⅲ等的湖泊面积逐年减少,直至2017 年之后才呈现出回升的趋势,这体现出了武汉市在水污染防治方面所做工作的成效。武汉市在 2016 年印发了《武汉市水污染防治行动计划工作方案(2016—2020 年)》,方案提出,到 2017 年,武汉市城市建成区要基本消除黑臭水体;到 2020 年,要实现主要河流和湖泊水环境质量明显改善,污染严重水体较大幅度减少,饮用水水源水质稳定达标。武汉素有“百湖之城”的美誉,可以说武汉市有着得天独厚的水资源优势,而武汉作为老牌工业城市,在发展的同时,水环境问题不容忽视。武汉市防治水污染的各项举措体现出了武汉市以更高标准、更严措施、更大力度加强水污染防治的决心。

对于汉西污水处理厂的参观，则让我们完整学习了污水处理的流程，随着参观的深入，污水如何变为清水这一问题的答案在脑海中逐渐清晰，看着起初的脏水臭水最终变为滚滚清水入渠，我们心中的震撼和欣慰是难以言说的。更重要的是，在参观学习污水处理流程工艺的同时，我们也深刻认识到了污水处理的重要意义。若是那刺鼻的脏水未经处理直接排入水系，将会对整个城市的生态造成极其严重的破坏，这种强烈的对比让我们真真切切感受到了国家大力推动环保，强调可持续发展的意义，只有实现了可持续发展，我们才能避免人与自然的矛盾进一步激化，实现中华民族永续发展。而看着厂区的工作人员不辞劳苦工作在污水处理第一线，我们体悟到了他们工作的辛苦和不易，污水处理和环境保护事业需要的正是一个个像他们一样身体力行的实践者。但仅仅依靠他们也是不够的，环境保护是一项公共事业，需要的是全国上下的共同作用，国家出台有力政策，社会各界广泛响应，每位公民自觉参与，只有心往一处想，劲往一处使，才能将环保的篇章书写在中华大地上。

武汉市防治水污染的各项行动，是全国范围内防治水污染、保护自然生态环境的一个缩影。我国在 2015 年审议并发布了《水污染防治行动计划》，也即为人们所熟知的"水十条"，该计划指出，水环境保护事关人民群众切身利益，事关全面建成小康社会，事关实现中华民族伟大复兴中国梦。必须切实加大水污染防治力度，保障国家水安全。该计划的发布将水污染防治提升到了一个新的高度。进入新世纪以来，我国始终注重协调发展与保护之间的矛盾，出台了一系列政策，采取了一系列行动来确保发展的同时善待自然，如科学发展观中可持续发展的理念，"五位一体"布局将生态文明建设作为基础，习近平总书记多年前就提出的"绿水青山就是金山银山"的论断等，所有这些都是为了在力保中国走向富强的同时保护脚下的这片土地。我们既要富强中国，也要美丽中国，不能再走西方国家先污染后治理的老路。

（二）政策建议

(1) 治理湖泊污染应按截污、清淤、连江三步走。首先要截断内外污染源，防止污染不断加深；然后清除多年累积于湖底的污泥，给湖底翻新；之后通过化学、物理、生物工程手段净化水质，并定时监测；最后连通流动江河，实现湖泊与外界的物质能量交换，提高生态稳定性。

(2) 加强环保宣传，公示治污过程及结果，让人们对治污过程和方法有更多了解。要努力提高公民环保意识，让人们明白珍惜水资源，爱护水资源的重要性。

(3) 发挥民间监督举报作用,让违法偷排、捕鱼无处遁形。

(4) 有关各部门要统一思想,要经济发展,也要美好生态。绿水青山就是金山银山,在搞好经济发展的同时也不要忘了保护生态环境,要走可持续发展的道路。

美丽乡村建设背景下的脱贫成效与环境建设

——以江西省南昌市丁坊村为例

温嘉毅　张子月　李泽为　赵铭轲　周嘉扬　钟文欣　熊天翼　邹沛霖①

一、调查实践的背景、目的及意义

（一）调查实践的背景

2021年是实现脱贫攻坚的决胜之年，也是乡村振兴壮丽蓝图徐徐展开的一年。本次的实践活动以江西省南昌市新建区流湖镇丁坊村（以下简称丁坊村）为例，对脱贫攻坚成果与乡村振兴现状进行实地调研分析，在新的理论视角、新的实践视角下，结合当前政府的政策理论分析当地未来可能的发展道路，并讨论如何让农业成为有奔头的产业，让农民成为有吸引力的职业，让农村成为安居乐业的美丽家园。

（二）调查的目的及意义

美丽乡村建设是乡村振兴的重要任务，而持续深化美丽乡村建设具有深远意义：推进美丽乡村建设有利于改善农村基础设施、公共服务，加快补上突出短板；通过治理农村垃圾、污水、粪污等，加快乡村生态保护与修复，改善农村面貌；推进美丽乡村建设有利于引进资金、技术、人才等要素，促进城乡融合发展，形成合力推动乡村振兴的多赢局面。本次的实践活动以建设美丽乡村作为重要指导思想，通过实地调研对农村垃圾污染现状进行分析，探寻改善当地乡村环境卫生的道路。

---

① 温嘉毅、张子月、李泽为、赵铭轲、周嘉扬、钟文欣、熊天翼、邹沛霖均为华中科技大学临床医学（六年制）中德实验1901班本科生。

二、调查实践的内容与方法

（一）调查内容

（1）查阅资料分析现今中国脱贫攻坚工作的成果和经验，掌握实现巩固拓展脱贫攻坚成果同乡村振兴的有效衔接的政策要求。

（2）实地调查丁坊村脱贫攻坚工作现状和环境卫生状况，找出仍待改进的问题。

（3）综合分析制约丁坊村在经济、环卫等方面进一步发展的原因。

（二）调查方法

调查方法有实地调查法、文献调查法等。

三、调查实践的结果与分析

（一）丁坊村的脱贫政策与成果

江西省南昌市新建区流湖镇丁坊村位于南昌市西南，距市中心约 20 千米，是原南昌市贫困人口集中居住地。当地山路崎岖，交通条件较差，不具备有特色的农副业产品，因此，乡村振兴和美丽乡村建设进程缓慢且艰巨。据村支书介绍，丁坊村共有人口 410 户，1558 人，多为空巢的老人，青壮年劳动力流失较为严重。村中原有贫困户 14 户，26 人，目前已有 2 人（即 2 户）过世，现有脱贫户 12 户，24 人。

通过在丁坊村村委会查阅贫困户建档立卡档案，我们得知丁坊村原有的 14 户贫困户中有 11 户为因缺少劳动力致贫，其余 3 户则为因病或因残致贫。为彻底实现“两不愁三保障”以及饮水安全有保障，丁坊村村委会在上级部门的指导与协助下做了许多切实有效的工作，实现了全面脱贫。在调查期间，仅有甘某、闵某（男）、闵某（女）、廖某、钟某等 5 户家中有人。因此，我们将以上 5 户作为本次调查的走访对象，主要针对“两不愁三保障”和饮水安全这两个方面展开调查。

“两不愁三保障”是农村贫困人口脱贫的基本要求和核心指标。其中，“两不愁”是指稳定实现农村贫困人口不愁吃、不愁穿；“三保障”就是保障其义务教育、基本医疗和住房安全。另外，国家还明确要求实施农村饮水安全巩固提升工程，全面解决贫困人口饮水安全问题。

目前，当地两不愁建档立卡户吃穿不愁，平常能吃饱且能适当吃好，一年四季都有应季的换洗衣物和御寒被褥。在前往走访的过程中，我们发现村民基本能随时吃到肉、蛋、奶或豆制品，还可以自行去旁村或镇上的集市购买禽肉等食材。此外，为了进一步提升建档立卡户的日常生活水平，村委会还在驻村工作队的帮助下因地制宜设置了爱心超市。每个月贫困户都可以通过积极承担家庭社会责任、改善环境卫生、做好人好事等方式获取积分，并在爱心超市用积分换取多种多样的生活必需品。同时，贫困户也可以通过心愿墙等方式，告知想要兑换何种日用品，方便村委会及时调整补充。这一举措不仅切实提升了丁坊村村民的生活水平，同时还调动了村民追求美好生活的积极性，有效改变了扶贫工作中的“等、靠、要”思想。

保障贫困地区适龄少年儿童接受义务教育也是脱贫工作中的重要一环。据调查，丁坊村村内设有丁坊小学，目前有 8 名在编教师，28 名学生。学校于 2007 年改建，基础设施完善，并且配有现代化的教育设施，设有小学一至五年级(六年级并入镇上中心小学)。丁坊小学的学生主要是本村和邻村的留守儿童，而村中的大部分儿童都跟随在县城打工的父母求学。据了解，村中贫困户学生没有因为贫困而在义务教育阶段辍学，可见当地能够做到教育有保障。

当地建档立卡户的基本医疗也已经有了保障。丁坊村贫困户建档立卡档案中明确写道：对于贫困人口的重大疾病和门诊慢性疾病的住院与医疗费用，以及经医保补助后的个人承担医疗费用按政策进行报销，普通门诊费用不纳入重大疾病治疗的报销范围；对于贫困人口重大疾病医疗补助不设起付线，符合政策规定的医疗费用在按医保及医疗救助报销后，再对个人医疗费用按年封顶线 25 万元进行补充报销。此外，丁坊村还设置了家庭医生签约服务卡以保障建档立卡户的健康。由乡镇卫生院牵头，村卫生所为每个建档立卡户都设立了一位签约家庭医生。同时，当地设置了详细的健康动态信息栏，通过追踪记录因病因残致贫、患有慢性疾病的建档立卡户的健康状况，为建档立卡户提供基本的公共卫生服务，助力脱贫攻坚。

保障建档立卡户的住房安全，让他们住得上房、住得上好房也是脱贫攻坚工作的重点。相关政策规定，根据住房危险程度在建档立卡户中确定安居扶贫补助对象，其必须符合《土地管理法》关于农村宅基地土地使用权分配及使用的规定。建档立卡户根据住房情况分为危房户和无房户。丁坊村共有钟某、丁某、廖某 3 户接受了危房改造。危房改造由农户申报、村级评议后，政府对建档立卡户住房进行安全鉴定并拍照存据，改造完成后由政府承担所有改造费用。在走访过程中，我们注意到脱贫户的墙面和地面全部重新装修过，实现了墙面地面“两面光”。房屋的顶层也被特别加固过，屋内还进行了吊顶，进一步降低了雨季房屋漏雨的风险。

建档立卡户的饮水安全也已经有了保障。丁坊村所有住户全部接通了自来水并加装了净水器,能够做到全年不缺水,水质有保障。

此外,村委会还发展产业扶贫,通过多种方法帮助村民实现增收。第一是特色种养扶贫模式,即利用丁坊村当地的资源发展特色种植业或养殖业,比如当地的葡萄、火龙果等作物的种植以及蚯蚓的养殖,非常符合当地的实际情况并且收益很高。第二是资产收益扶贫模式,丁坊村建档立卡户的财政资金会进入当地与丁坊村合作的公司,公司会采取“三年还本,保底收益,按年分红”的模式,给予建档立卡户百分之八的保底分红收益。第三是光伏产业扶贫模式,丁坊村积极开展光伏产业扶贫,通过光伏扶贫发电站为建档立卡户的用电提供补贴,并且开发太阳能资源,为建档立卡户带来效益。对于仍有劳动能力的建档立卡户,村委会还为其提供了简单易行的工作,如闵某(女)现被聘为村里的保洁员,负责定期清运住户的垃圾到集中处理点,每月有600元的稳定工资。

(二) 现实问题

虽然产业扶贫发展良好,但丁坊村目前仍没有村集体经济,是一个“空壳村”。村委会还在积极寻求上级政府的帮助,计划效仿邻村,发展艾草种植基地、村集体果园、村集体菜园等种植业集体经济。

在调查过程中,实践队注意到这样的现象:虽然村民家中生活环境良好,但是在一些街道、大棚以及部分非住宅区存在大量的垃圾堆积,严重影响了乡村环境。为帮助美化乡村环境,实践队对这些垃圾进行了收集并将其送往集中处理点,同时对堆放垃圾的分布和种类,以及对应地区垃圾桶的分布情况进行统计,所得情况如表1、表2、表3所示(以下所得数据皆通过一定的运算得出;为了能更直观地表达数据含义,表中的极低、低、中、高依次对应0—10、11—40、41—70、71—100)。

表1　堆放垃圾分布情况

堆放地区	堆放垃圾数量
住宅区	极低
大棚周边	高
非住宅区街道	低

表2　垃圾桶分布情况

地区	垃圾桶数量
住宅区	高

续表

地区	垃圾桶数量
大棚周边	极低
非住宅区街道	极低

表 3 堆放垃圾种类情况

堆放垃圾种类	堆放垃圾数量
塑料制品	中
金属制品	中
玻璃制品	极低
动植物残骸	极低
废旧建筑材料	低

调查结果显示，某地区堆放垃圾的数量与该地区的垃圾桶数量呈明显的负相关关系。据村支书介绍，丁坊村的垃圾清运工作由当地一家保洁公司承担。该公司与村委会合作，为每户提供了两个垃圾桶，以便收集村民的日常生活垃圾；但在非住宅区，该公司并未提供这样的垃圾桶，这就导致村民在非住宅区，即棚区、园区等地只能将垃圾丢弃在路边。

我们考察了堆放垃圾的种类，发现塑料垃圾占据了堆放垃圾的大多数。其中，绝大部分塑料垃圾为化肥、农药、饲料、作物种子等农业用品的包装袋，其余部分为矿泉水瓶和副食包装袋等。这些垃圾大多堆放在大棚旁边的土壤上，有些甚至埋在土中，难以清理。资料显示，塑料属高分子有机化合物，既不易自然降解，也很难被微生物分解。塑料的降解周期通常为几十年至几百年，而且在降解过程中还会溶出有毒物质。残留于土壤中的废弃塑料会造成土地板结，阻断水体循环，影响农作物吸收养分和水分，进而导致土壤贫瘠盐碱化、农作物减产。金属制品和玻璃制品多为液体农药或饮品的包装；动植物残骸极为少见，仅发现少量鱼骨和熟烂的作物。废旧建筑材料大多堆放在非住宅区的道路两侧，严重影响了乡村环境，并在一定程度上导致道路通行困难。

综合以上的调查结果可以得知，2019 年丁坊村实现全面脱贫，无贫困户、边缘户返贫现象，在上级政府的指导帮助和村委会自身的努力下，很好地实现了“两不愁三保障”和饮水安全有保障的目标。但其在巩固拓展脱贫攻坚成果同乡村振兴有效衔接、全面美化乡村环境等方面的工作仍有很大的提升空间。如何发展适宜本村的集体经济，缓解人才流失，增强当地的“造血能力”，并兼顾乡村环境的发展,是丁坊村当前及以后都要面对的问题。

(三) 问题成因分析

经调查,丁坊村建档立卡贫困户致贫原因如下:一户因病致贫,一户因残致贫,一户为孤儿,其他因缺少劳动能力致贫。村中低保户共 12 人;五保户原有 9 人,其中 2 人去世,外加一个由于特殊原因申报的孤儿,现有五保户 8 人。除孤儿外,其他贫困户全部为缺少劳动能力的老年人独户,无法依靠自身力量,也很难依靠产业扶持脱贫,因此被纳入了社会救助的兜底保障范围。在农村脱贫攻坚进程中,精准脱贫政策与社会救助政策共同致力于消灭贫困,其中精准扶贫战略目标的实现,主要依赖于社会救助政策的实施成效。然而相关政策在强化社会保障兜底脱贫功能的同时也存在信息失真、方法无效、激励错误、污名化和社会歧视等问题。同时,脱贫人口产生了对社会救助政策的强烈依赖心理。

当前农村实施的以低保为基础、各专项救助制度为辅助的社会救助制度体系,在一定程度上延续了中国传统救助理念,注重“救”而忽视“助”,即过度重视生存方面的救助,轻视受助者的发展权利和发展机会的宝贵性,呈现消极、低水平应对贫困风险的取向。若只是被动、消极地维持贫困者最低的购买能力,则贫困群体在免于生存危机的同时很难摆脱贫困,如此并不能解决相对贫困与多维贫困,不能很好地帮助受助者提升可持续发展与脱贫能力。这种消极对抗贫困风险的救助理念,虽可以解决脱贫人口的“一时之需”,但不利于形成帮助受助对象可持续发展的“造血”机制,也不能有效帮助贫困人口真正摆脱贫困。

而在农村社会救助制度的执行过程中,一些基层的政策执行者在农村社会救助实践中明显有消极救助的表现,以完成救助任务、发放救助款物为主要目标,只注重应对贫困群体的眼前和应急性问题,而不能很好地防范和化解低收入者面临的贫困风险,忽视了对受助者脱贫后持续发展的配套支持。因此,社会救助既兜底又良性激励的理念需要在每一个基层组织中践行,政策兜底,积极救助,用发展的、长远的眼光对待后脱贫时代中国农村的每一个脱贫户,精准施策,以人为本,因地制宜,力争实现乡村振兴的宏伟目标。

四、结论与建议

党的十五大首次提出“两个一百年”奋斗目标,清晰地标示了实现中国梦的战略步骤、历史任务和实践方向,呈现出步步推进、行稳致远的历史发展脉络。党的十八大以来,以习近平同志为核心的党中央科学把握当今世界和当代中国的发展大势,顺应实践要求和人民愿望,统筹推进“五位一体”总体布局和协调推进“四个全面”战略布局,坚定不移贯彻新发展理念,有力推动我国发展不断朝着更高质量、更有效率、更加公平、更可持续的方向前进，全力推进脱贫攻坚，持续改善民生，各项事业取得历史性成就，极大增强了全党全国各族人民全面建成小康社会的信心与底气。

通过本次调查，实践队了解到在当前脱贫攻坚战取得全面胜利的时代背景下，丁坊村的脱贫攻坚工作稳步推进并顺利完成任务。在上级政府的指导帮助和村委会自身的努力下，丁坊村很好地实现了“两不愁三保障”和饮水安全有保障的目标。但其在巩固发展脱贫攻坚成果同乡村振兴有效衔接、全面美化乡村环境等方面的工作尚有较大提升空间。如何发展适宜本村的集体经济，缓解人才流失，增强当地的“造血能力”，并兼顾乡村环境的发展，是丁坊村当前及今后一段时间都要侧重的工作重点。

因此，为了有效解决上述问题，实践队建议丁坊村在已有的扶贫手段外，亦应该重视“扶志”方式的多样化，应积极探索适合丁坊村的集体经济形式。目前村里的经济以种植业为主，农业用地面积大，可以根据丁坊村的气候、土壤等条件寻找特色产业，选择合适的作物发展村集体经济，而非生搬硬套其他村的成功经验，可同时通过农民劳动入股的形式调动村内现有劳动力的生产积极性。此外，应深挖丁坊村的文化传承，并通过文化纽带和文化认同的方式向村民、向年轻一代、向外界推广宣传，助力村民及其后代建立文化自信。同时，应在教育扶贫的基础上争取留住人才，对返村人才、企业进行适当的政策优惠，以期减少人才流失并吸引外来人员、吸引外界投资，支撑村子的长远发展，形成良性循环。

建设美丽乡村需要大量人力、财力、物力。实践队认为目前丁坊村距离美丽乡村尚有相当的距离，要达到这个目标还应做到以下几点：拓宽村内道路，清理道路上长期堆放的建材；合理规划，于大棚周边设置垃圾集中收集处理点，在非住宅区街道边增设大容量垃圾桶并定期清理；探索特色产业，建立集体经济，吸引人才、留住人才；酌情向上级政府申请政策支持补助。如此当能巩固丁坊村脱贫攻坚成果，并在乡村振兴的道路上更进一步，向着建设美丽乡村的目标不断前进。